Ravensburger Basteljahr

Ravensburger Basteljahr

Dieses Buch gehört

____

Otto Maier Ravensburg

Die Deutsche Bibliothek – CIP-Einheitsaufnahme

Ravensburger Basteljahr. –
Ravensburg : Maier, 1993
ISBN 3-473-41016-0

Gedruckt auf chlorfrei gebleichtem Papier

1 2 3 95 94 93

Umschlagillustration und die Illustrationen
von Seite 6/7; 34/35; 72/73; 104/105; 142/143:
Marlies Scharff-Kniemeyer

Druck und Bindung:
Mladinska Knjiga Tiskarna, Slowenien
ISBN 3-473-41016-0

Inhalt

Frühling

Sommer

Herbst

Winter

Frühling

Has, Has, Osterhas

Text: Paula Dehmel / Melodie: Richard Rudolf Klein

2. Has, Has, Osterhas,
ich wünsche mir das Beste:
ein großes Ei, ein kleines Ei,
dazu ein lustig Didldumdei.
Und alles in dem Neste.

Wenn der Frühling kommt

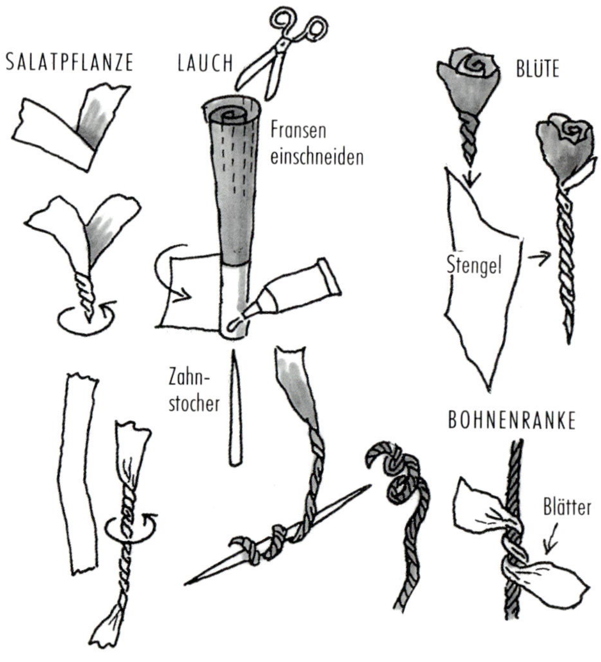

Die Blumenrabatten werden mit kugeligen Blüten gefüllt, die an langen, gewundenen Stengeln wachsen. Um die *Bohnenstangen* schlingen sich Ranken aus gedrehten Seidenpapierstreifen, von kleinen Blätterfetzchen umwunden.

Dann beginnt es auf der Bank vor dem Haus und im kleinen Schrebergarten zu sprießen und zu blühen. Aus dünnem Seidenpapier werden die kleinen Blüten gedreht oder geknüllt.

Die Blüten der *Hyazinthe* sind winzig kleine Papierkügelchen, die rund um eine grün angemalte Pappröhre geklebt sind.

Eine Öffnung der Rolle wird mit geknülltem Seidenpapier verstopft und mit Seidenpapierkügelchen dicht beklebt. Die spitzen grünen Blätter sind aus festem Tonpapier ausgeschnitten und bekommen einen Mittelfalz.

Blütenstand und Blätter stecken in einem *Blumentopf* aus Wellpappe. Dazu wird ein Streifen Wellpappe um die Rolle samt Blätter aufgewickelt. Man kann auch einen echten Tontopf nehmen und ihn mit Sand, Steinchen oder geknülltem Papier füllen.

HYAZINTHEN

- Pappröhre
- Seidenpapier
- Tonpapier
- Wellpappe
- Schere
- Kleber

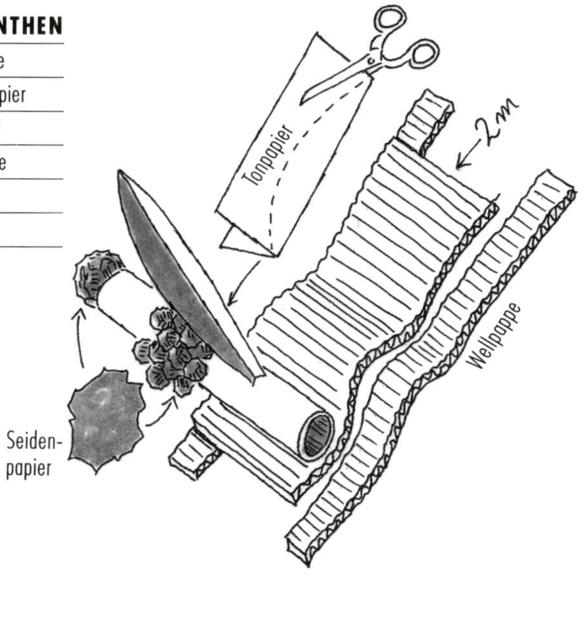

Dieser hübsche Garten wird in einem Kartondeckel angelegt. Seine *Rabatten* sind aus Wellpappe, die *Regentonne* ist aus einer Pappröhre und das *Frühbeet* aus einer kleinen Schachtel gebaut.

Alles wird auf eine zweite Pappe geklebt, unter der sich eine etwa 1 cm dicke Styroporplatte befindet. Dieser Untergrund ist nötig, damit man die Bäume, Sträucher und Bohnenstangen in das Styropor stecken und auf diese Weise besser befestigen kann. Die Löcher dafür sticht man mit einem Nagel oder Vorstecher vor.

Das *Haus* wird auf Karton aufgezeichnet, ausgeschnitten und zusammengeklebt. Wenn man die Hausecken etwas anritzt, dann kann man sie besser umknicken. Das überstehende Dach wird zum Schluß aufgeklebt. Auf den Beeten sprießen die jungen *Salatpflanzen* in zartem Grün, gedreht und geknüllt aus kleinen Fetzchen Seidenpapier. Im Frühbeetkasten wachsen gekrauste Kopfsalatkugeln, ebenso Lauch und Karotten, auf Zahnstocher gespießt.

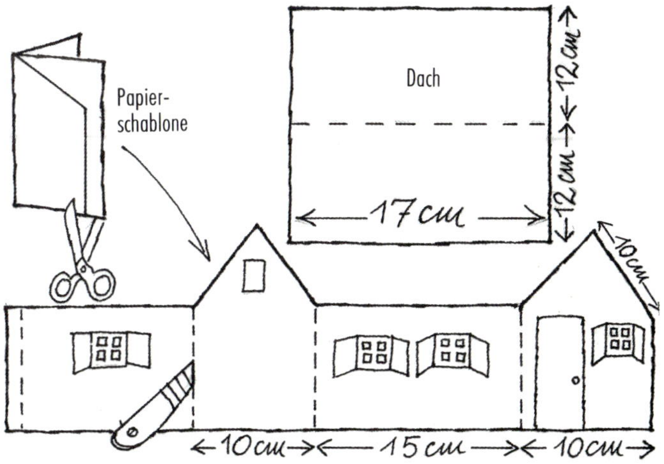

SCHREBERGARTEN

- Schachteldeckel
- Karton
- Wellpappe
- dünne Graupappe
- Papprolle
- kleine Zweige
- Schaschlikspieße
- Styroporplatte
- Papiermesser
- Schere
- Kleber
- Zahnstocher

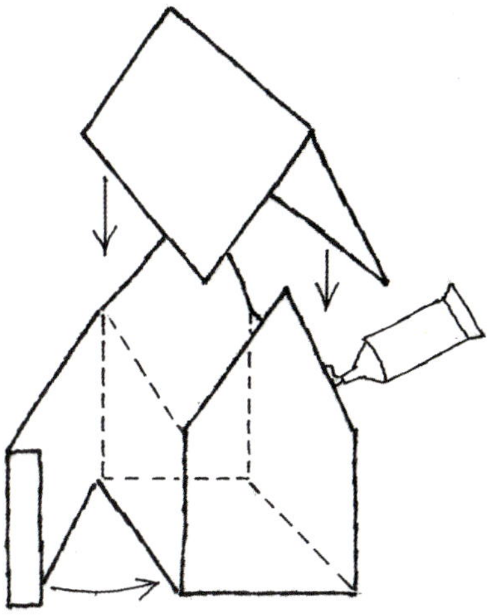

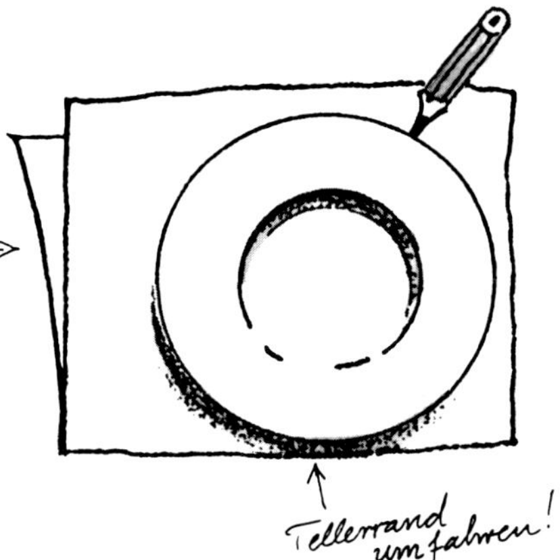

1. Zeichne dir einen Kreis auf.

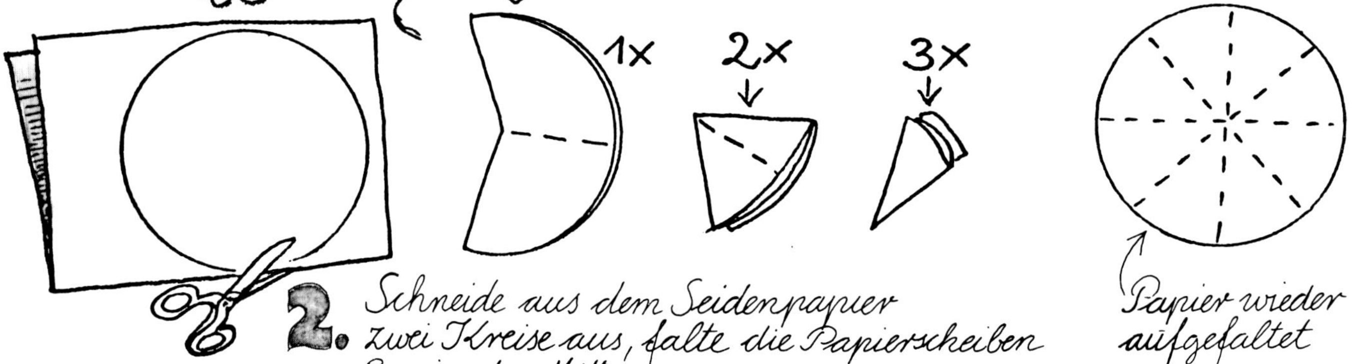

2. Schneide aus dem Seidenpapier zwei Kreise aus, falte die Papierscheiben 3× in der Mitte zusammen.

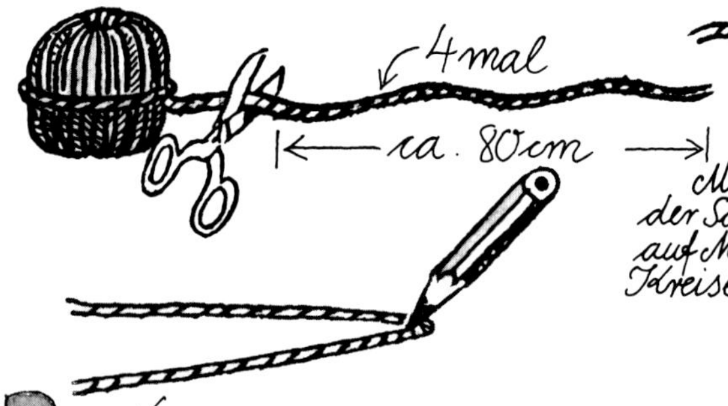

3. Nimm 4 gleichlange Schnüre und markiere die Mitte mit einem Punkt.

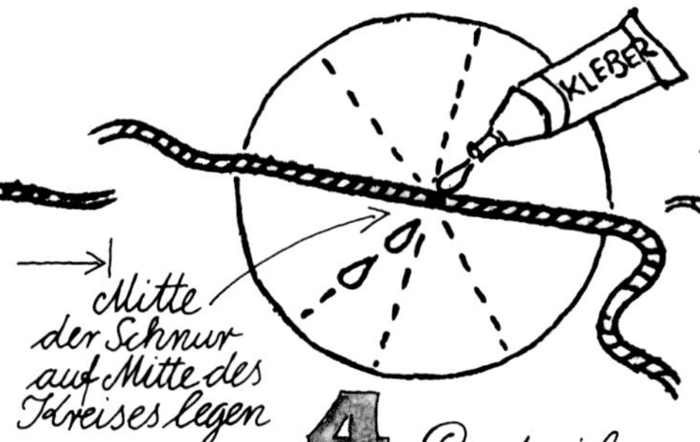

4. Bestreiche die Faltlinien mit Kleber und klebe die Schnüre darauf.

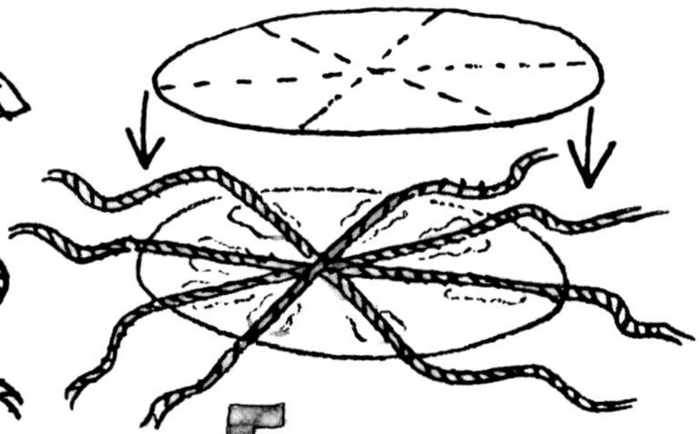

5. Drücke die zweite Papierscheibe darauf, sie klebt auf der überschüssigen Klebespur.

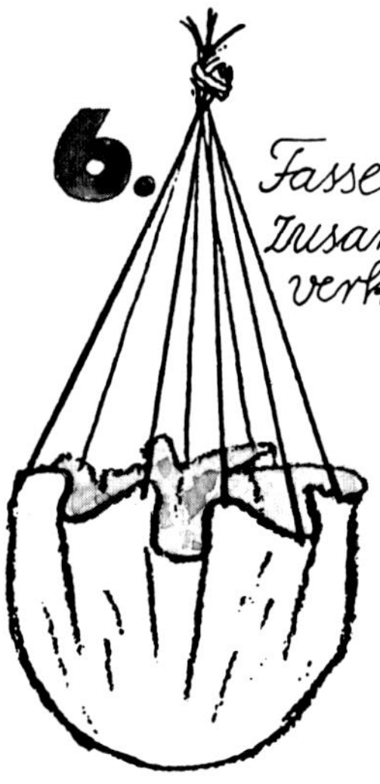

6. Fasse alle Schnüre zusammen und verknote sie.

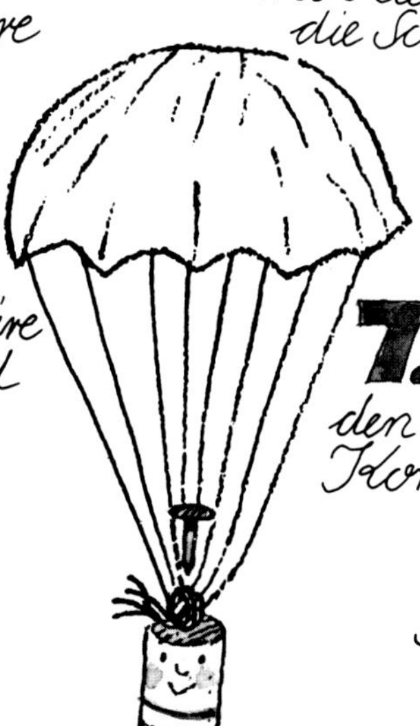

7. Drücke einen Nagel durch den Knoten in den Korken.

So fliegt der Fallschirm:
Wickle die Schnüre locker um den zusammengelegten Fallschirm und wirf ihn in die Luft.

Fallschirmspringer

*Große Aufregung beim Wiesenvolk:
Stöpsel, der Bruchpilot, ist in den
Butterblumen gelandet!*

Frühjahrsputz auf der Fensterbank

Vielleicht hast du ein paar Pflanzen in deinem Zimmer. Dann solltest du einmal im Jahr einen Pflanzenputztag einlegen, denn im Laufe der Zeit sammelt sich eine ganze Menge Schmutz auf den Blättern an. Wenn die Pflanzen geputzt sind, können sie durch die Poren ihrer Blätter wieder tief Luft holen.

Kleine Pflanzen mit festen Blättern kannst du einfach mit lauwarmem Wasser über der Badewanne abduschen – aber den Wasserhahn nicht zu weit aufdrehen! Große Pflanzen, die du nicht mehr tragen kannst, werden – Blatt für Blatt – mit einem weichen Schwamm und klarem Wasser abgewaschen. Pflanzen, die behaarte Blätter haben, wie das Usambaraveilchen oder die Zimmerlinde, mußt du vorsichtig mit einem Pinsel abstauben. Ihre Blätter dürfen nämlich nicht naß werden. Wenn du an einem Sonnentag putzt, solltest du Pflanzen mit nassen Blättern im Schatten trocknen lassen, sonst gibt es Brandflecken auf den Blättern. Stellst du beim Putzen fest, daß einige deiner Pflanzen ein bißchen schwach auf den Beinen sind, bekommen sie eine Stütze: einen langen Stab, der in den Topf gesteckt wird. Die Pflanzen nicht zu stramm anbinden, sie müssen sich noch rühren und weiterwachsen können.

Hast du Pflanzen wie einen Philodendron oder ein Fensterblatt, die an den Zweigen noch zusätzliche Wurzeln, sogenannte Luftwurzeln, haben, kannst du statt eines normalen Stabes einen Moosstab bauen.

In den Zeichnungen oben siehst du, wie das gemacht wird. Wenn du bei jedem Gießen auch das Moos mit Wasser besprühst, können auch die Luftwurzeln Nahrung besorgen, und deine Pflanze gedeiht doppelt gut.
Kletterpflanzen, wie Efeu oder duftender Jasmin, sehen besonders hübsch aus, wenn sie sich um einen Rundbogen winden. Dazu mußt du nur einen Drahtbogen aus dem Blumenladen links und rechts in den Blumentopf stecken und die langen Ranken vorsichtig darumlegen. Versuche doch auch mal, grüne Figuren zu formen. Dazu biegst du aus Maschendraht ein Herz oder eine Maus. Die Figur mußt du wie beim Moosstab mit Moos ausstopfen und im Topf befestigen. Zum Beranken brauchst du Kletterpflanzen mit kleinen Blättern wie Efeu oder eine Kletterfeige. Und du mußt die Ranken in die richtige Richtung lenken, am besten mit Blumendraht festklemmen.

Wildkräuter

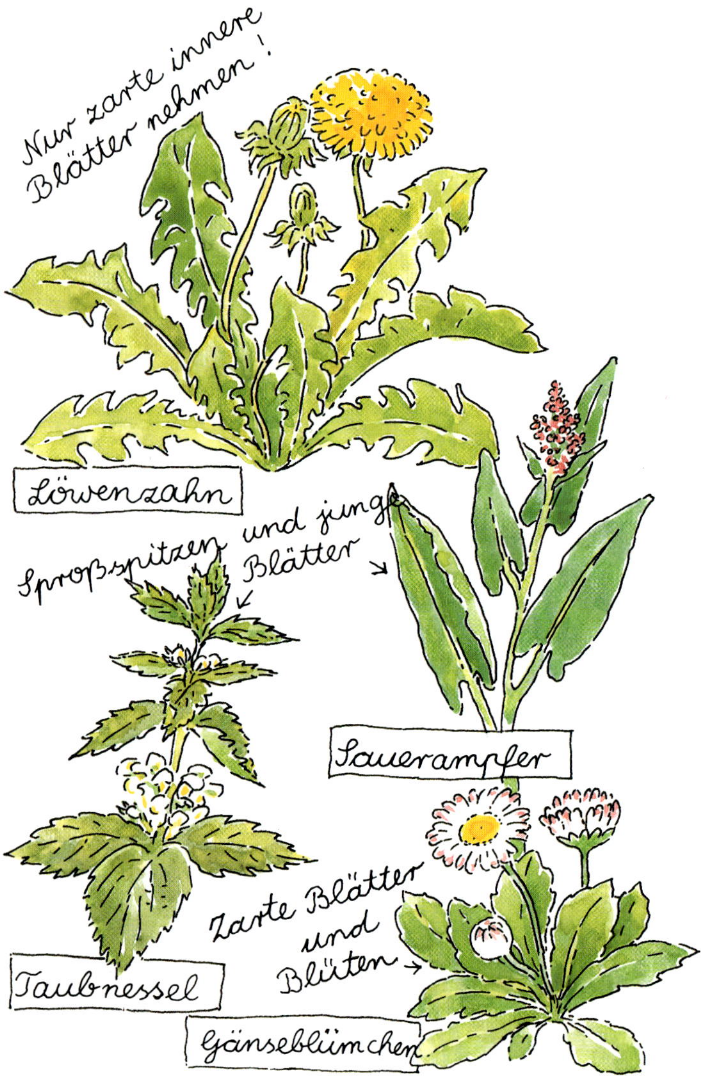

Von März bis Mai kannst du diese Kräuter ernten. Sie sind besonders vitaminreich. Am besten schmecken zarte Blätter und Triebe: Sie bessern Salate auf, passen kleingeschnitten in Quark oder Rührei. Pflücke sie nur im Garten oder abseits der Straßen. Wasche sie gründlich, denn es könnten sich Insekten darin verstecken. Löwenzahnblättchen schmecken leicht bitter. Sauerampfer wächst auf feuchten Wiesen. Außer der Weißen Taubnessel und dem Gänseblümchen sind noch Spitzwegerich, Giersch, Brennesseln und viele andere eßbar.

Wildkräutersalat

Für 4 Personen:
1 grüne Salatgurke
1 Paprikaschote
(gelb oder rot)
2 Möhren oder
Kohlrabi, Fenchel...

Kräuterdip

Kressefeld

1. Eine etwa 3 cm dicke Tonplatte wird dein Kressefeld.

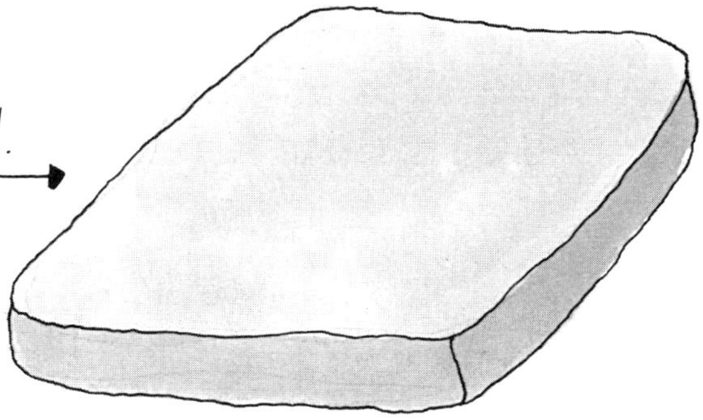

2. Drücke mit dem Finger am Rand der Platte den Wassergraben ein.

3. Ziehe in der Mitte die einzelnen Furchen. Drücke dabei mit den Fingern den Rand der Furchen etwas hoch.

4. Wenn das Kressefeld trocken ist, läßt du es brennen.

5. Säe den Kressesamen aus.

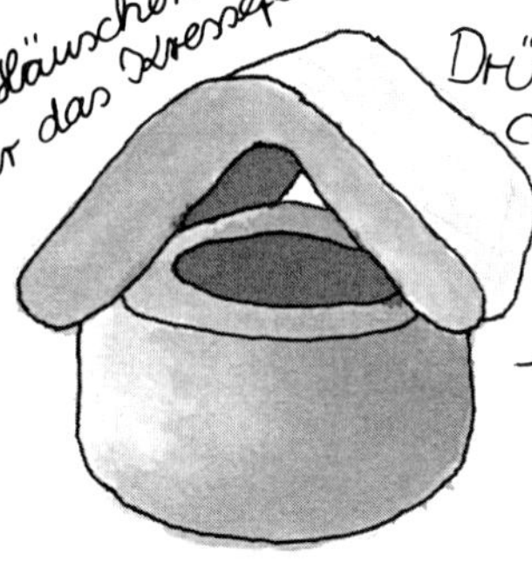

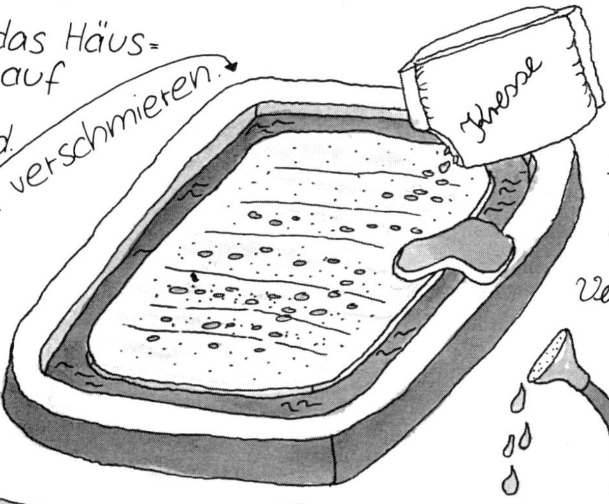

Nach ein paar Tagen kannst du ernten.

Vergiß das Gießen nicht!

Eier färben, bekleben, bemalen

Eier kannst du auf verschiedene Art färben.

Mit Zwiebelschalen bekommst du gelbe bis braune Eier.

Grün werden die Eier mit Spinat- oder Brennesselblättern.

Rote Eier färbst du mit Rote Betesaft.

Und so wird es gemacht!

Du setzt die Färbemittel jeweils mit 1 Liter kaltem Wasser auf. Dann kochst du alles $\frac{1}{2}$ bis $\frac{3}{4}$ Stunde. Rohe Eier werden gleich in dem Sud mitgekocht. Du läßt sie in dem Wasser abkühlen. Essig im Wasser bringt die Farben mehr zum Leuchten. Zum Schluß werden die Eier mit einer Speckschwarte abgerieben.

Auf 1 Liter Wasser brauchst du:
6 Eßlöffel Zwiebelschalen, oder
250 g Brennesseln (Spinat), oder
$\frac{1}{4}$ Liter Rote-Bete-Saft.

Früher wurden solche Zeichen auf die Eier gemalt.

Du kannst die Eier auch mit Blüten und Blättern bekleben.

Wenn du einen Finger in Farbe drückst, kannst du die Eier mit deinen Fingerabdrücken vollstempeln.

Oder du machst Wickelostereier. Bevor du die Eier in ein Farbbad hängst, werden sie mit Fäden umwickelt. Nach dem Färben nimmst du die Fäden wieder ab.

Außerdem kannst du die Eier mit Wasserfarben, Filzstiften oder Buntstiften bemalen. Such dir aus, was du am liebsten magst!

Willst du einen Hühnerhof basteln?
Du brauchst dafür:
Ausgepustete Eier, Buntpapier, Karton, eine Schere, Klebstoff, Farben und Pinsel.

1. So pustest du die Eier aus:
Oben und unten werden kleine Löcher in das Ei gestochen. Du hältst das Ei über ein Gefäß und pustest kräftig.

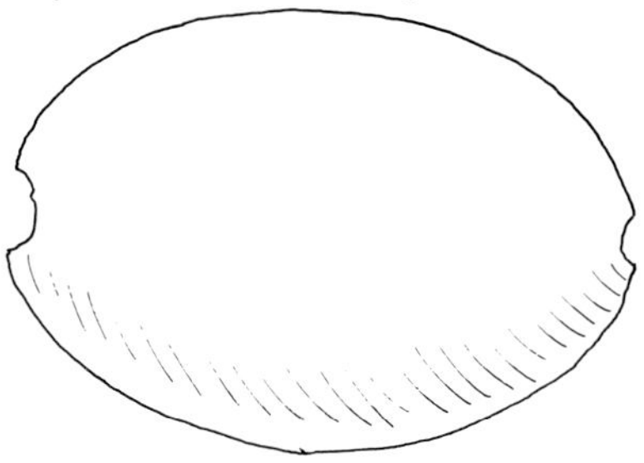

2. Dann schneidest du aus dem Buntpapier alle Teile, die du hier siehst, mehrmals aus.

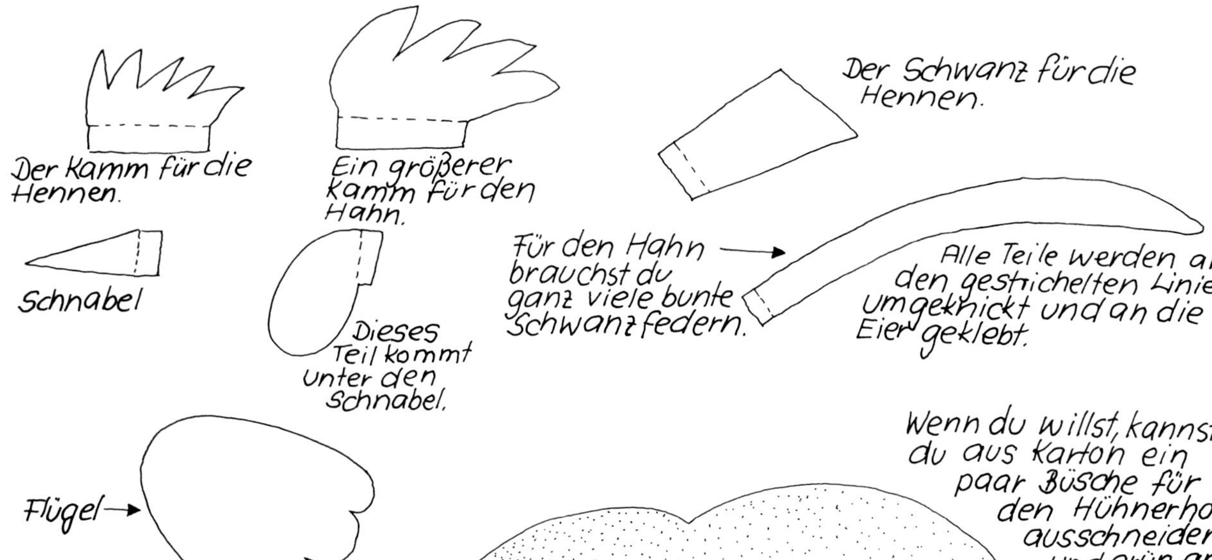

Alle Teile werden an den gestrichelten Linien umgeknickt und an die Eier geklebt.

Wenn du willst, kannst du aus Karton ein paar Büsche für den Hühnerhof ausschneiden und grün anmalen.

Einen Kartonstreifen rollst du und klebst die Enden zusammen.

Hefte eine Büroklammer auf die Klebestelle, das hält besser.

Die Rolle klebst du auf den Fuß.

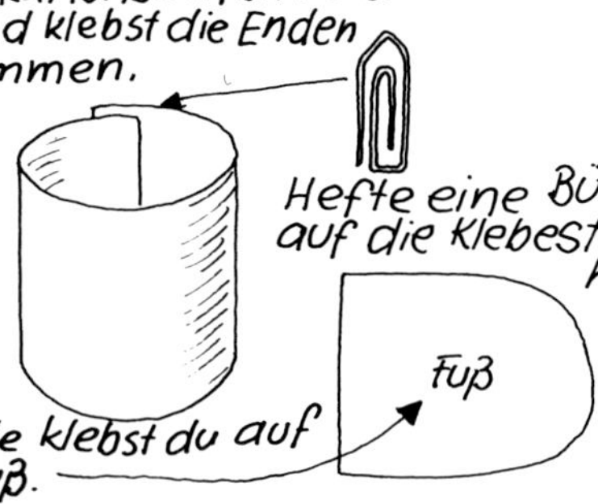

Nun setzt du das Ei auf die Rolle und fertig ist das Huhn.

Hühnerhof

Hast du Lust, euren Ostertisch in einen großen Hühnerhof mit Hahn und Hennen zu verwandeln? Auf der Seite nebenan steht genau, wie alles gemacht wird.

Gebackene Hasen

Du brauchst:

500 Gramm Mehl, 1 Tütchen Backhefe, 2 Eßlöffel Öl, Salz, 1 Eßlöffel Zucker, $\frac{1}{4}$ Liter lauwarme Milch, Marzipanrohmasse und ein paar bunte runde Bonbons

1. Mehl, Zucker, Hefe und eine Prise Salz in einer Schüssel vermischen.
2. Öl und Milch hinzufügen und mit dem Handrührgerät verkneten, bis der Teig glatt ist.
3. Den Teig mit den Händen auf einer bemehlten Fläche noch einmal durchkneten.
4. Für jeden Hasen solche Teile formen.
5. Die Hasenteile auf einem gefetteten Backblech zusammenlegen, mit einem Tuch zudecken und eine Stunde stehen lassen.
6. Im Backofen bei 220 Grad 15 bis 20 Minuten lang backen lassen.

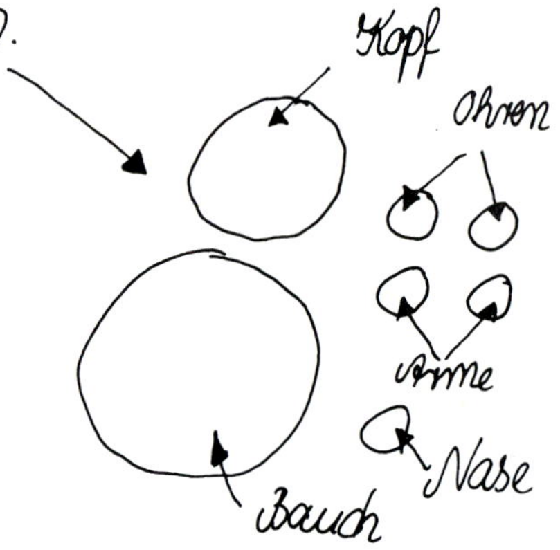

Die fertiggebackenen Hasen setzt du in ein Nest.

Klickerhase

Dein Hase kann – klickerdiklacker – eine muntere Hasenmelodie erklingen lassen.

Du brauchst dafür:
Holzbrett, 2 kleine Metallringe, Bleistift, Hammer und viele Nägel, Holz- oder Metallkugel.

Nun schlägst du die Nägel entlang der Linie ins Holz. Jeder Nagel muß vom anderen so weit entfernt sein, daß die Holzkugel nicht durchfällt.

Zeichne deinen Hasen auf das Brett, mit langen Ohren und einem kleinen, runden Schwanz. Als Augen klebst du die beiden Metallringe auf.

Bis die letzte Lücke mit dem Nagel geschlossen ist, brauchst du viele Nägel, vielleicht auch einen Freund, der dir dabei hilft. Aber deine Geduld wird belohnt.

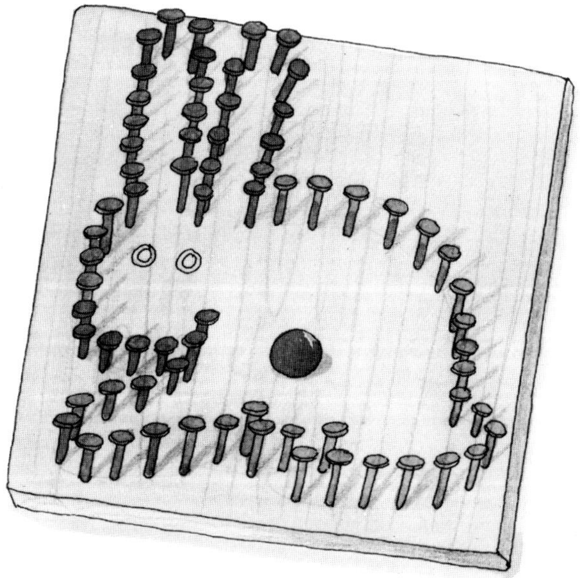

Nun nimmst du die Holzkugel und läßt sie innen an den Nägeln entlanglaufen. Hörst du den Hasen klickern?

Klickerdiklockerdikluckerdiklacker
drei Hasen hoppeln über den Acker
Klackerdikluckerdikleck
– schon sind sie weg!

aus dem „Struwwelpeter", 1845

Rasselwerkstatt

Glühbirnenrassel

Ausgebrannte Glühbirnen überziehst du mit Pappmaché, das sind Papierfetzen, die vorher in angerührtem Tapetenkleister eingeweicht wurden. Alles gut trocknen lassen! Anschließend vorsichtig beklopfen, so daß das Glas innen zerspringt. Horch, wie die Glassplitter bei jeder Bewegung rasseln. Wenn du viele Rasseln bastelst und bunte Gesichter aufmalst, kannst du dir eine lustige Rasselfamilie zusammenstellen.

Große Ballonrassel

Blase einen Luftballon auf und verknote ihn fest. Überziehe den Ballon mit Pappmaché. Laß unten eine Öffnung frei, die so groß ist, daß eine Pappröhre als Handgriff hineingeschoben werden kann.
Warte bis der Rasselkörper ganz trocken ist. Dann laß die Luft aus dem Ballon wieder heraus. Befestige die Papprröhre mit Pappmaché am Rasselkörper und laß alles wieder trocknen. Nun fülle deine Rassel durch den Papiergriff mit Reis, Erbsen oder ähnlichem. Verschließe den Papiergriff mit zerknülltem Zeitungspapier. Beklebe deine Rassel mit buntem Papier oder male sie an.

Die Wie-heiß-ich-wohl-Rassel

Eine Rassel kann auch so aussehen. Aus Holzabfällen wurde hier eine bunte Rasselfigur gebaut. Erfinde selbst eine ganz ungewöhnliche Rassel und denke dir einen ebenso ungewöhnlichen Namen für dein Instrument aus.

Roll-Rassel

Hier werden Zahnstocher zwischen zwei große Korken gesteckt. In diesen „Käfig" kommt ein Glöckchen. Diese Rassel kannst du auch rollen, probiere es einmal aus.

Wußtest du schon?

Auf der Südseeinsel Bali ziehen Kinder in großen Scharen mit selbstgebauten Klapperglocken über die frisch eingesäten Felder, um die Vögel zu verjagen. Sie schlagen dabei mit einem Holzstöckchen auf röhrenartige Glocken, die sie selbst aus einem runden Aststück ausgehöhlt haben.

Der „Vogelschreck" ist eine Klapperkette aus Rußland. Hier werden kleine Holzbrettchen oder Stäbchen aneinandergeschlagen. Du kannst das Instrument aus hölzernen Wäscheklammern nachbauen. (Foto rechts)

In manchen Gegenden läuten am Karfreitag die Kirchenglocken nicht. Da ziehen die Kinder morgens, mittags und abends mit Klappern durch das Dorf und rufen die Zeit aus. Als Belohnung gibt es Ostereier. (Zeichnung unten)

Robinson hat entdeckt, was für eine schöne Ratsche ein trockener Tannenzapfen sein kann. (Foto rechts)

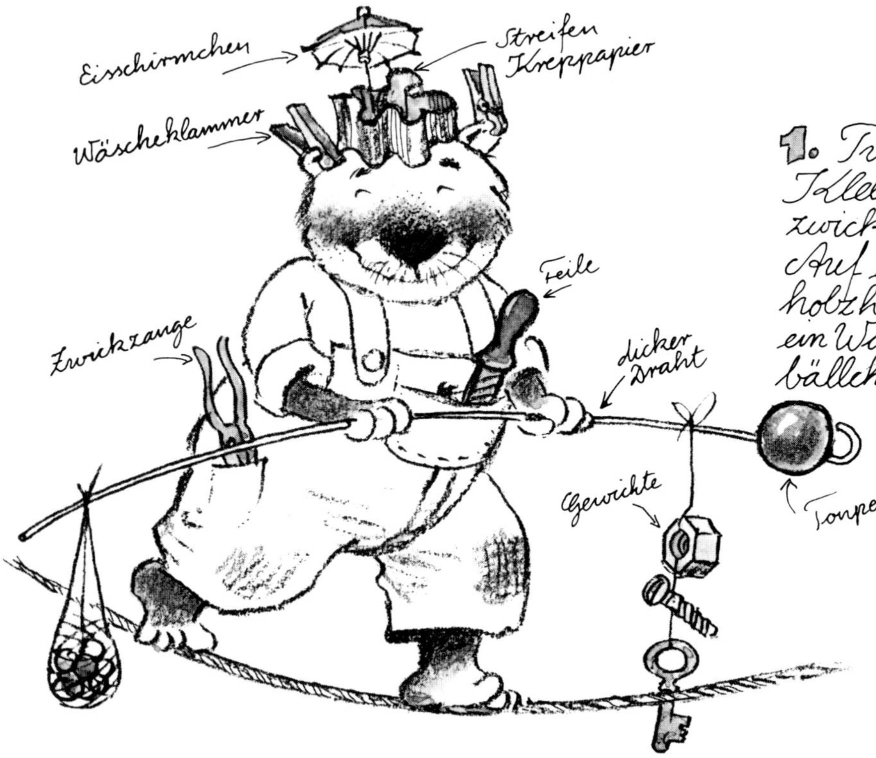

1. Tupfe auf die Streichholzarme Kleber, öffne die Klammer und zwicke die Arme fest. Auf den Streichholzhals stecke ein Wattebällchen.

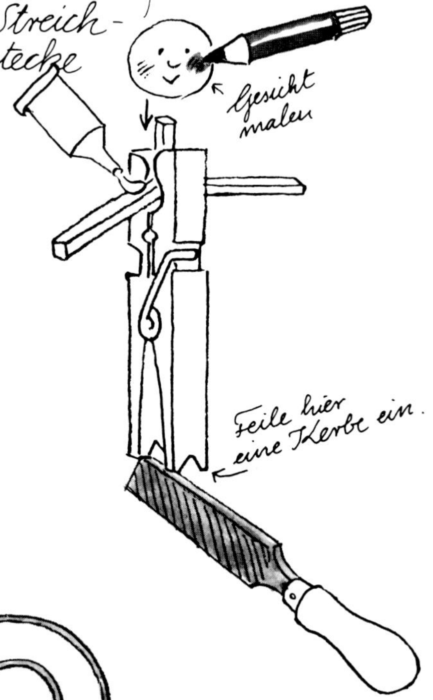

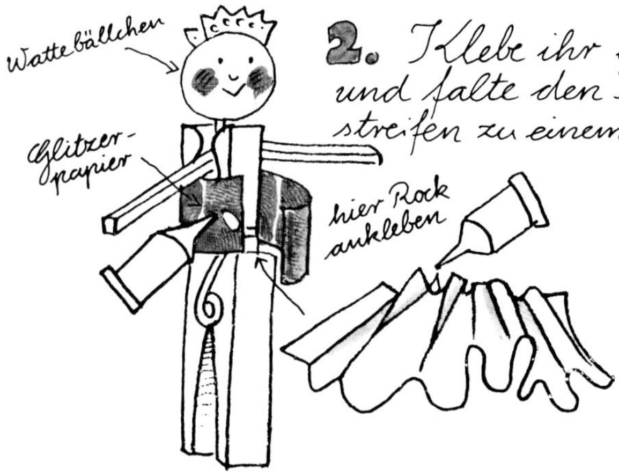

2. Klebe ihr ein Mieder an und falte den Krepppapierstreifen zu einem Rock.

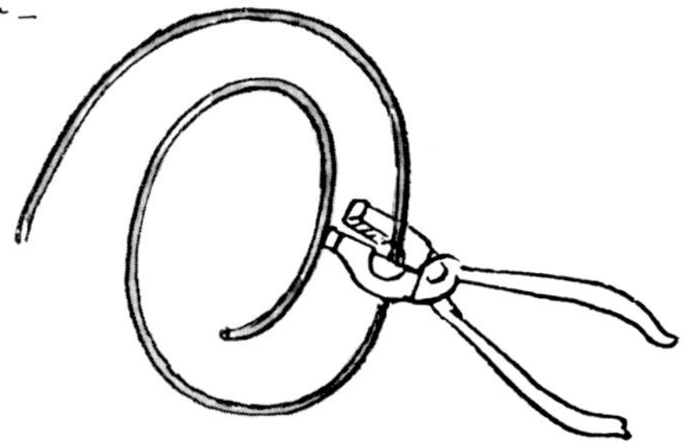

3. Zwicke ein Stück Draht ab (ca. 60 cm lang)

4. Biege mit der Flachzange zwei Schlaufen, damit die Perlen nicht mehr herunterrutschen können.

5. Setze Bella Cindarella auf die Leine und halte sie locker zwischen zwei Fingern. Schiebe den Drahtbogen hin und her, bis Bella gerade steht.

Warte, bis die Gewichte ausgependelt haben und laß dann los.

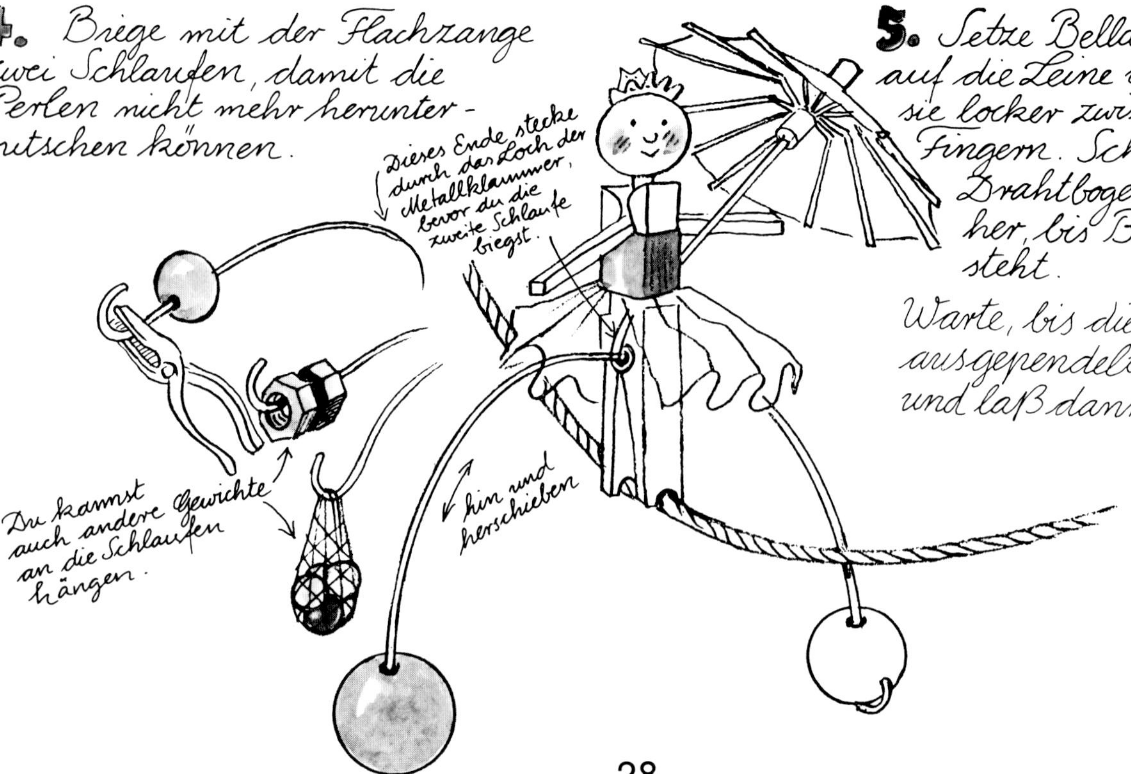

Bella Cindarella

Der Star vom Klammer-Zirkus wippt auf der Wäscheleine schon beim leisesten Windhauch.

Laß dir ein Stückchen Garten schenken

Hummeln versinken in Malvenblüten wie in einem Federbett.

Eine Gartenecke ganz für dich allein, in der du tun kannst, was du willst – das wär' doch was! Frag mal deine Eltern, sie sind sicher einverstanden. Für den Anfang reichen wohl fünf Quadratmeter. Stellst du dann fest, daß du mehr Platz brauchst, kannst du ja noch mal neue Verhandlungen führen. Damit jeder weiß, wo dein Grundstück anfängt und aufhört, solltest du die Grenzen markieren: vielleicht mit einem schmalen Streifen Tausendschönchen oder indem du Buchsbaumzweige nebeneinander in die Erde steckst. Sie bekommen Wurzeln und wachsen zu einer niedrigen, dichten Hecke.

Bei Blumen hast du die Wahl zwischen einjährigen Sommerblumen und langlebigen Stauden. Die einjährigen wie Reseda, Löwenmäulchen, Sonnenblumen werden im Frühjahr gesät, blühen im Sommer und sterben im Herbst. Im nächsten Jahr kannst du dann neue ausprobieren. Stauden wie Pfingstrosen, Lupinen, Schwertlilien werden nur einmal gepflanzt, am besten im Frühjahr. Bei ihnen sterben im Herbst nur die Teile über den Erde. Die Wurzeln überleben im Boden. Im Frühjahr fangen sie wieder an zu wachsen.

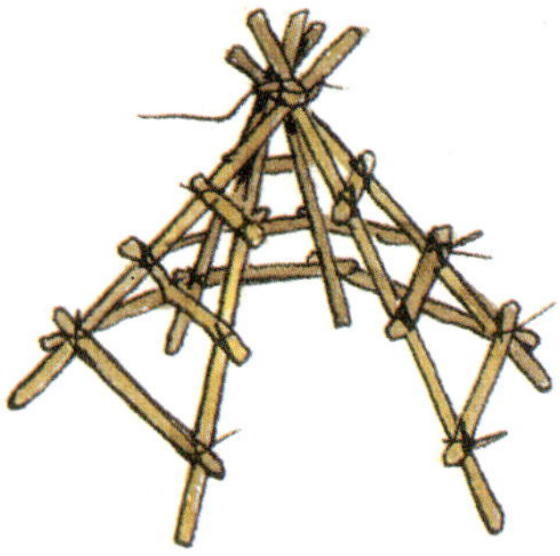

Beim Schlafmützchen sitzt ein spitzer Hut auf der Knospe.

Das geht schnell: Ein grünes Zelt aus Knöterich.

Eine grüne Wiese wäre auch nicht schlecht. Dann kannst du dich dort hinlegen und dir die Schmetterlinge auf der Nase herumtanzen lassen. Aber: Gras will gemäht werden, im Sommer jede Woche.
Gießen dagegen brauchst du im Garten nur dann, wenn es einige Wochen lang nicht regnet. Dann aber gründlich. Welke Blüten solltest du immer abkneifen, damit deine Blumen neue Knospen bilden. Hast du Platz genug auf deinem Gartenstück, bau dir doch ein grünes Zelt. Alles, was du tun mußt, ist: Sechs Stangen schräg in die Erde stecken, in der Mitte zusammenbinden und noch ein paar Querhölzer anbinden. Pflanze neben jede zweite Stange einen Knöterich, das ist eine ganz schnellwachsende Pflanze, und warte, bis dein Zelt grün ist.

Ein Frosch sprach zu dem andern

Text und Melodie: Dorothée Kreusch-Jacob

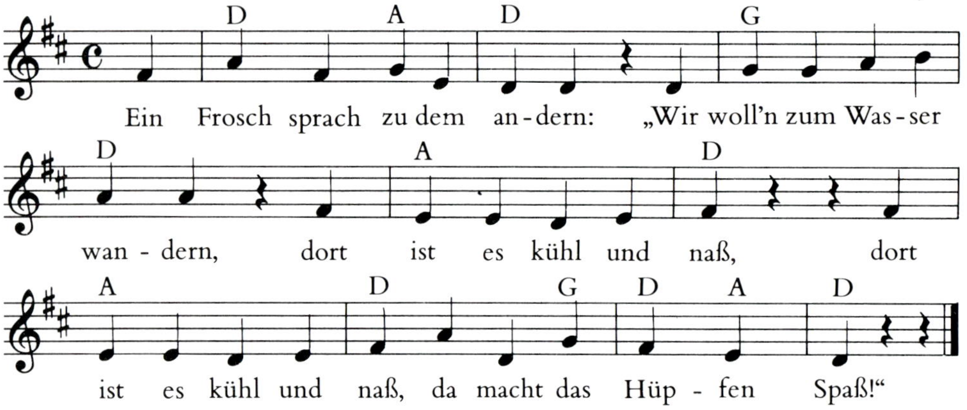

Ein Frosch sprach zu dem andern:
„Wir woll'n zum Wasser wandern,
dort ist es kühl und naß,
da macht das Hüpfen Spaß!"

Ein Storch sprach zu dem andern:
„Wir woll'n zum Wasser wandern,
dort ist es kühl und naß,
da macht das Stelzen Spaß!"

'ne Ente sprach zur andern:
„Wir woll'n zum Wasser wandern,
dort ist es kühl und naß,
da macht das Watscheln Spaß!"

Ein Sumpfhuhn sprach zum andern:
„Wir woll'n zum Wasser wandern,
dort ist es kühl und naß,
da macht das Tauchen Spaß!"

Ein Kind sprach zu dem andern:
„Wir woll'n zum Wasser wandern,
dort ist es kühl und naß,
da macht das .... Spaß!"

Ein ...... sprach zum andern:
„Wir woll'n zum Wasser wandern,
dort ist es kühl und naß,
da macht das .... Spaß!"

Hüpfen wie ein Frosch, stelzen wie ein Storch, watscheln wie die Enten … Während die Kinder im Kreis stehen und singen, sucht sich eines einen Freund. Mit dem unterhält es sich in der Frosch-, Storchen- oder Entensprache und tanzt mit ihm. Nach jeder Strophe wechseln die Tänzer in der Mitte. Wer mag, kann sich aus Papier die passenden Masken basteln.

Sommer

Heute ist das Wasser warm

Text: A. Holst / Melodie: Richard Rudolf Klein

2. Eins, zwei drei – die Kleider aus,
Schuhe, Jacke, Wäsche!
Und dann plumps ins Wasser rein
grade wie die Frösche!

3. Und der schöne Sonnenschein
brennt uns nach dem Bade
Brust und Buckel knusperbraun,
braun wie Schokolade.

Wenn die Sonne lacht

Beim Sommerfest lacht die Sonne nicht nur vom Himmel, sondern auch aus den Bäumen und Blumenstauden. Haus und Garten sind festlich mit Girlanden geschmückt.

Die große *Sonne* besteht aus einem gelben Streifen Tonpapier. Sie bekommt ihre Form aus „Ziehharmonika-Falten", die an einer Seite mit Nadel und Faden aufgereiht sind. Am Ende wird der Faden zusammengezogen und das Sonnenrad zusammengeklebt. Dann werden aus Tonpapier zwei Kreise ausgeschnitten, lachende Sonnengesichter aufgemalt und vorne und hinten in die Mitte der Sonne geklebt.

SONNE
- gelbes Tonpapier
- Nadel und Faden
- Kleber
- Schere
- Filzstifte

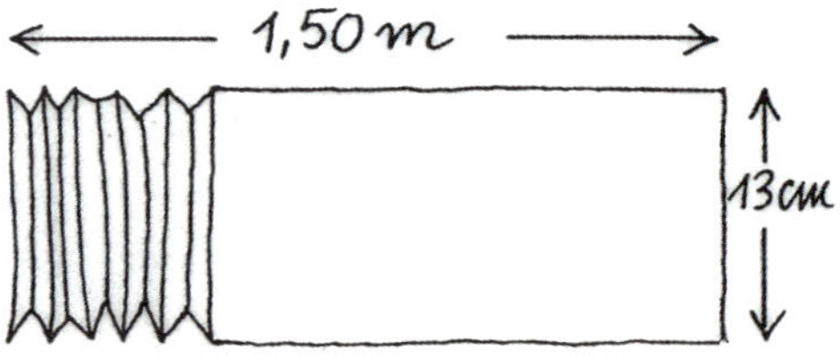

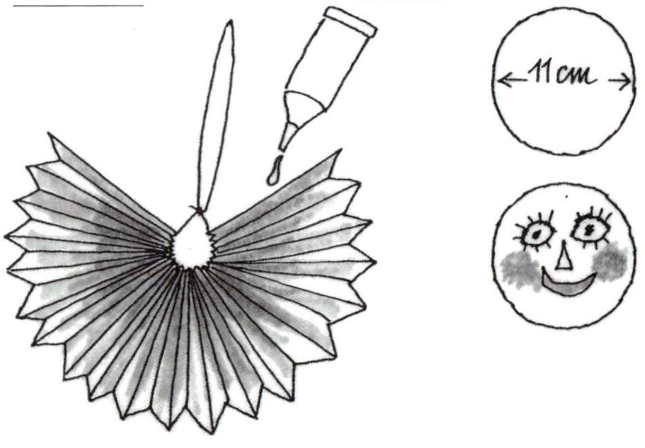

Die *große Girlande* besteht aus vielen Fächern. Man braucht dazu einfaches Schreibpapier, bemalt die Ränder mit bunten Streifen und faltet das Papier der Länge nach wie eine Ziehharmonika zusammen. Im Abstand von 20 cm werden die Streifen auf eine Schnur geknotet und die Enden der Streifen aneinandergeklebt. Nach dem Trocknen des Klebstoffs zieht man sie auseinander, so daß sie wie Schmetterlingsflügel aussehen.

GROSSE GIRLANDE
- Schreibpapier
- Deckfarben
- dünne Schnur
- Kleber

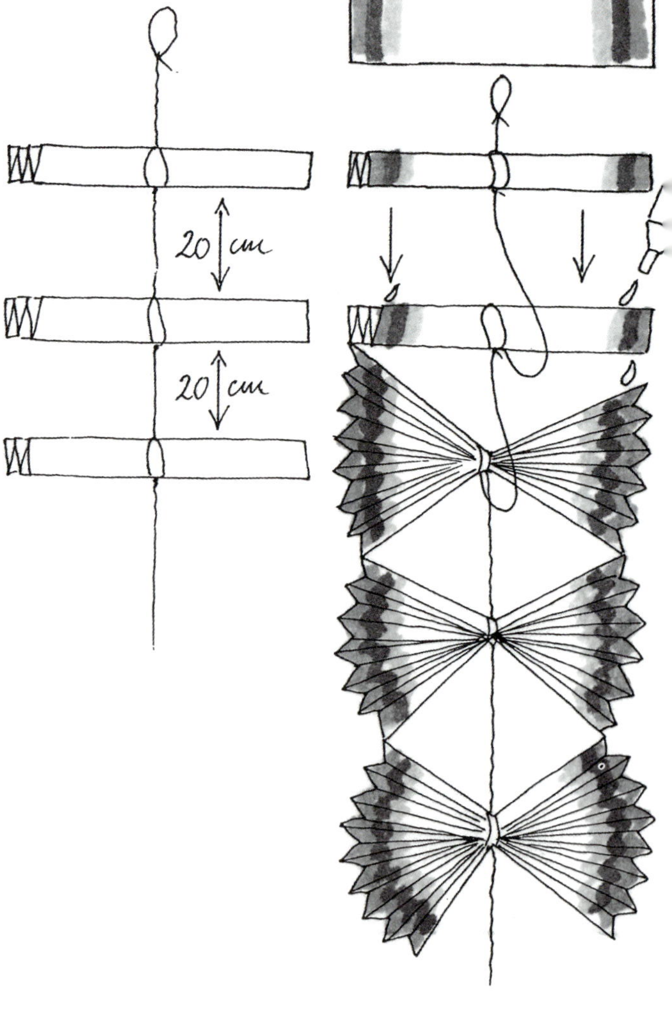

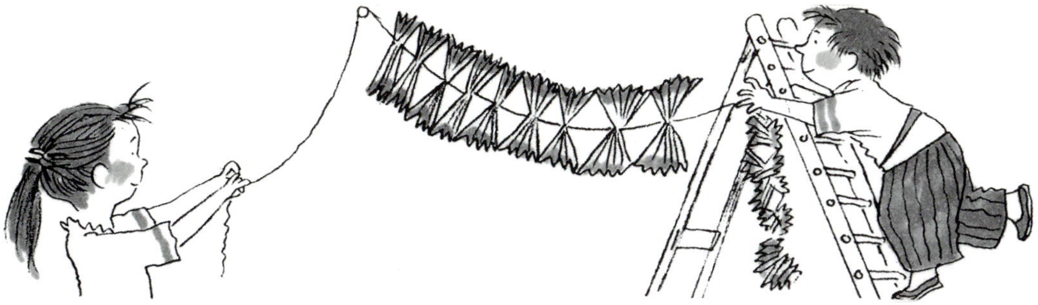

Für die *kleine Girlande* braucht man bunte Papierquadrate. Auch sie werden wie ein Fächer zusammengefaltet und immer zwei Streifen wie ein Kreuz übereinandergeklebt. Nach dem Auffädeln auf eine Schnur werden jeweils die äußeren Ecken der einzelnen Fächer aneinandergeklebt.

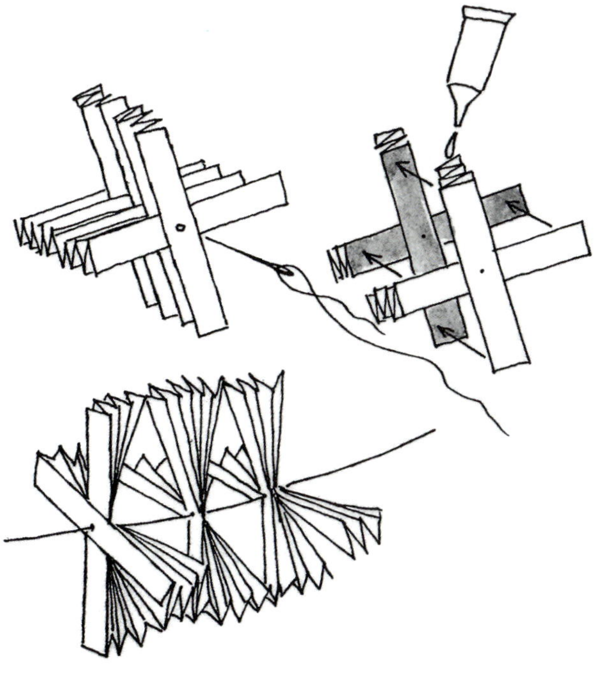

KLEINE GIRLANDE

- Origami-Faltpapier
- dünne Schnur
- Kleber

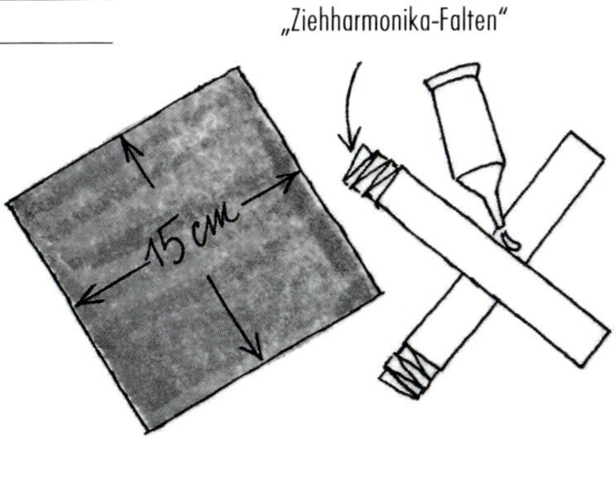

Blau

Blau – da denkt Lisa zuerst an den Himmel und an das Wasser. Aber als sie ein Meerbild malen wollte, ganz naß, hat sich das Papier so gewellt. Deshalb klebte Lisa es mit Klebestreifen auf ein Holzbrett.
Das Blau hat sie mit einem dicken Pinsel in Streifen aufgetragen und immer mehr mit Wasser gemischt.
Da sah es wirklich wie ein Meer aus.
Es schimmerte auch ein bißchen grün oder türkis. Meerblau ist anders als Himmelblau. Im blauen Meer müssen sich noch Wassergeister tummeln, und Fische, Pflanzen und Muscheln gibt's da auch.

3 Spiele im Sand

Du brauchst:

Murmeln, Zahnstocher, Filzstifte, Papier, Schere, Steine und Stöckchen

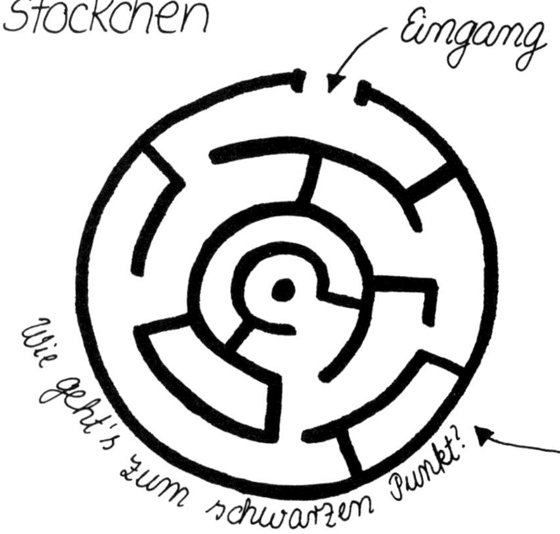

Irrgarten (rechts auf dem Bild)

Du sammelst viele Stöckchen und brichst sie in kleine Stücke. Dann legst du einen Irrgarten in den Sand, so wie rechts auf dem Bild. Oder du legst diesen Irrgarten.

Fähnchen-Treffen

Aus Papier werden kleine Fähnchen ausgeschnitten. Auf jedes Fähnchen malst du eine Zahl, dann befestigst du sie an Zahnstochern und steckst sie in den Sand. Aus 1 m Entfernung versuchst du, die Fähnchen zu treffen.

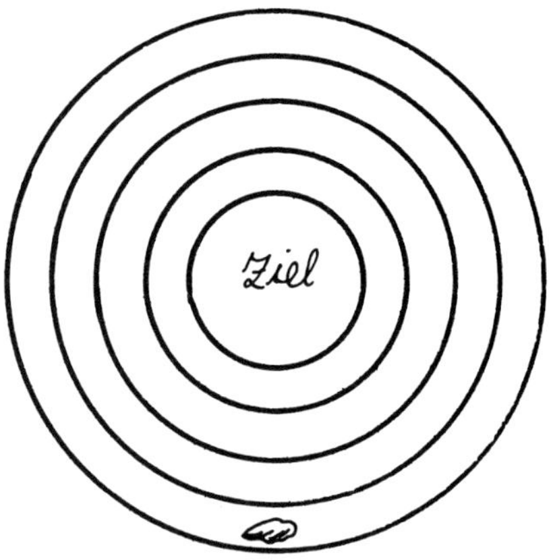

Wer ist zuerst im Kreis?

Mit einem Stock ziehst du Kreise in den Sand. Jeder Spieler bekommt 2 Steine. Einen zum Setzen, einen zum Verstecken. Wo hast du deinen Stein versteckt? Rechts oder links? Dein Mitspieler muß raten. Hat er richtig geraten, darf er mit seinem Stein im Kreis einen Ring weitergehen. Hat er falsch geraten, muß er stehenbleiben. Nun mußt du raten. Wer zuerst in der Mitte ist, hat gewonnen.

Wie kommt die Murmel in das Schneckenhaus?

Sammle Kleinigkeiten vom Strand, die klingen, wenn sie angeschlagen werden und schöne Dinge, die der Wind leicht bewegen kann.

Knüpfe sie an Schnüre und hänge sie an einen Ast. Achte darauf, daß die klingenden Teile aneinanderschlagen.

Strandgut-Kling-Klang

*Zart klimpern die Muscheln aneinander
Wenn der Wind stärker wird, klackern auch
die Steine mit*

Eis

Du kannst Eis selbermachen, wenn ihr ein ***-Eisfach oder eine Tiefkühltruhe besitzt.

Achtung: Eis muß stärker gesüßt sein, weil durch das Einfrieren Geschmack verlorengeht. Vor dem Essen kurz antauen.

Zitroneneis

1 Sahnejoghurt
1/2 Zitrone
2 Teelöffel Honig

Zitrone auspressen, Joghurt mit Zitronensaft und Honig verrühren. In Stieleisförmchen füllen, 1 Stunde im Tiefkühlfach einfrieren. Die Form vor dem Essen kurz in warmes Wasser halten.

Erdbeereis

200 g reife Erdbeeren
2 reife Bananen

Erdbeeren waschen, abtropfen lassen, Blätter und Stiele entfernen, Bananen und Erdbeeren im Mixer pürieren, in Förmchen füllen und einfrieren. Reste als Fruchtsoße essen oder einfrieren.

Fruchteis

einfach zu machen! Auch aus anderen frischen Früchten wie Pflaumen, Ananas, Kiwi... Das Gefrieren der Früchte dauert 2 Stunden. Mit einem Klecks Sahne servieren!

Bananenblitzeis

schmeckt köstlich sahnig. Nur gelbe, weiche, reife Bananen verwenden. Vor dem Mixen etwas antauen.

Joghurteis

Statt der Erdbeeren kannst du auch Blaubeeren nehmen. Willst du Schokoladengeschmack, nimmst du Kakao, läßt die Früchte weg und süßt stärker.

Du brauchst dazu:
festen Karton, Schere, Klebstoff, Gummiband, Pinsel und Farben und ein wenig Buntpapier oder Wollreste.

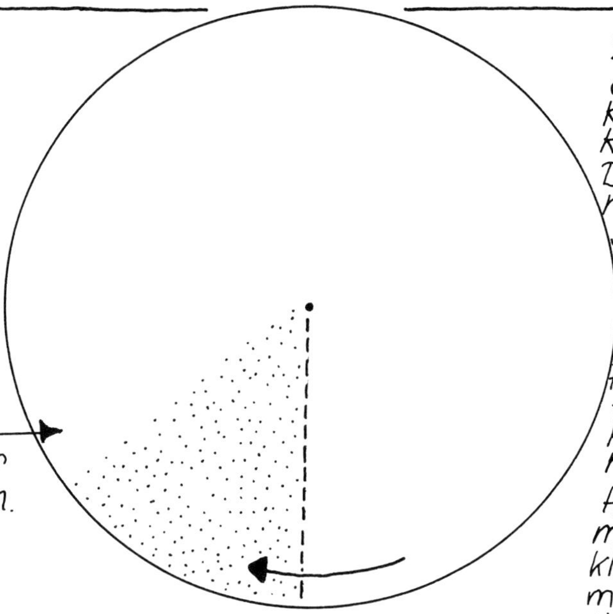

Zuerst schneidest du aus festem Karton einen Kreis aus.
Dann machst du noch einen Schnitt an der gestrichelten Linie entlang.

Du schiebst die Flächen übereinander und klebst sie zusammen.

Hefte die Teile mit einer Büroklammer zusammen, bis sie getrocknet sind.

Die gepunktete Fläche mit Klebstoff bestreichen.

So sieht die geklebte Maske von der Seite aus.

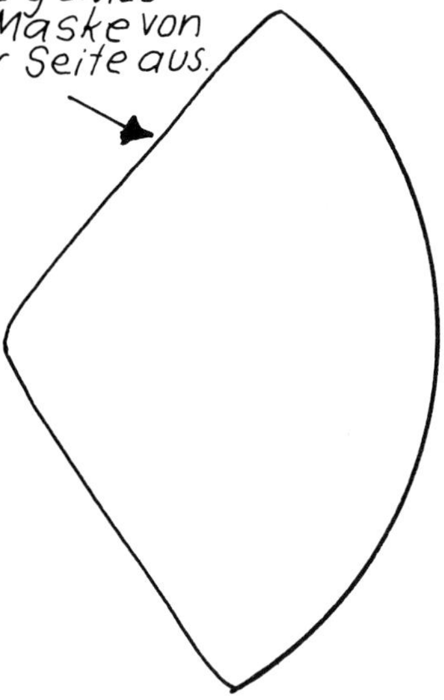

Wenn du das fertig hast, schneidest du Löcher für die Augen in die Maske hinein. Mit einer Nadel bohrst du Löcher für das Gummiband. Das brauchst du, damit du die Maske aufsetzen kannst.

Du kannst aus den Kreisen ganz verschiedene Masken basteln:

mit Ohren,

mit Haaren,

aus einem Viertelkreis kannst du Schnäbel oder Nasen basteln. Ausschneiden und die Kanten zusammenkleben.

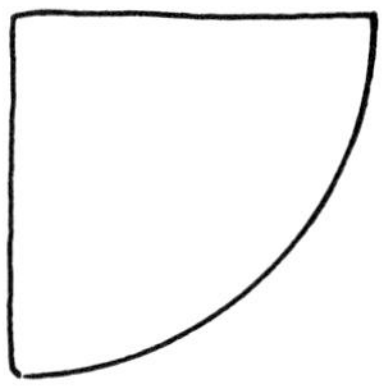

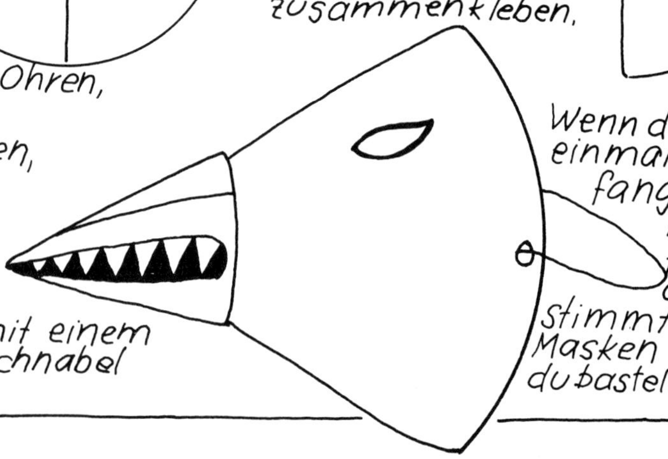

mit einem Schnabel

Wenn du erst einmal angefangen hast, fallen dir bestimmt viele Masken ein, die du basteln kannst.

Maskenfest

Zuerst wollte der Löwe nicht kommen, weil seine Mähne noch nicht richtig angeklebt war. Da haben ihm seine Freunde geholfen. Nun kann das Maskenfest beginnen. Die Katze, die Maus, der Vogel und ein wilder Drache sind schon da. Machst du auch mit?

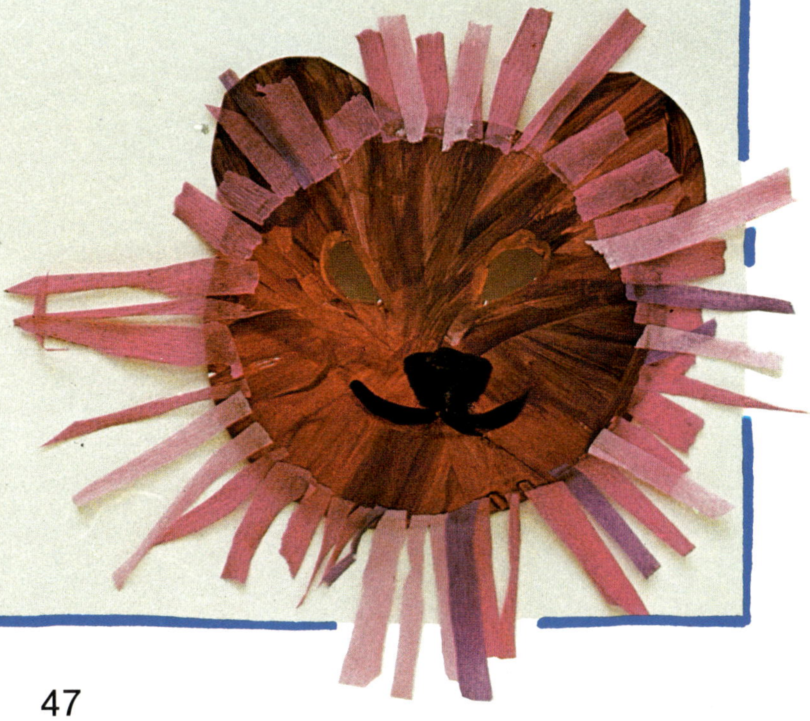

A ram sam sam

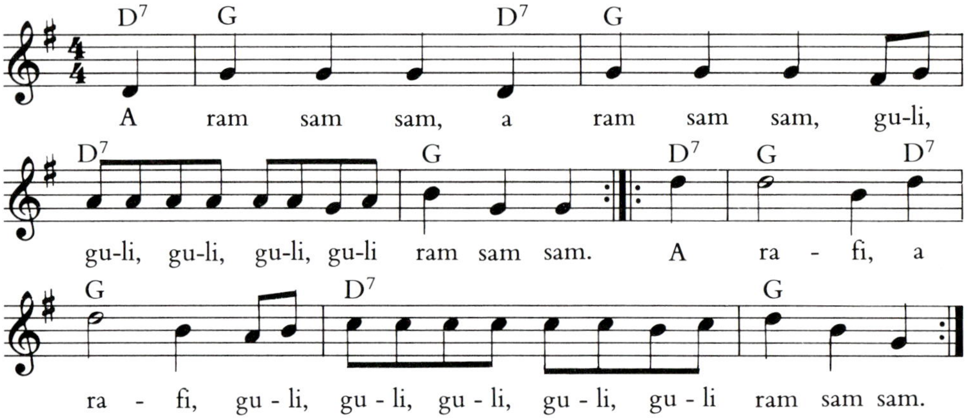

Nach geheimnisvollen Regeln wird dieser Tanz gestaltet. Einer ist der Vortänzer, der andere steht ihm direkt gegenüber und führt die Bewegungen wie ein Spiegelbild aus. Während die Tänzer zum ersten Mal ihr Lied singen, führt der eine, beim nächsten Mal führt der andere. Die beiden sollten sich dabei ganz aufeinander einstellen, ihre Bewegungen und Gesten beobachten und sanft fließen lassen.
Blätter, Gräser und Blüten passen als Kostüme oder Kopfschmuck zu diesem Tanz.

Ballbuden-Boxer

Du brauchst:

3 leere Kaffeedosen, Packpapier, Klebstoff, Pappe, Schere, etwas rotes Buntpapier, Farben zum Bemalen und später zum Spielen Murmeln oder Bälle

1. Aus Pappe schneidest du 3 halbe Köpfe aus. Ungefähr so wie hier.

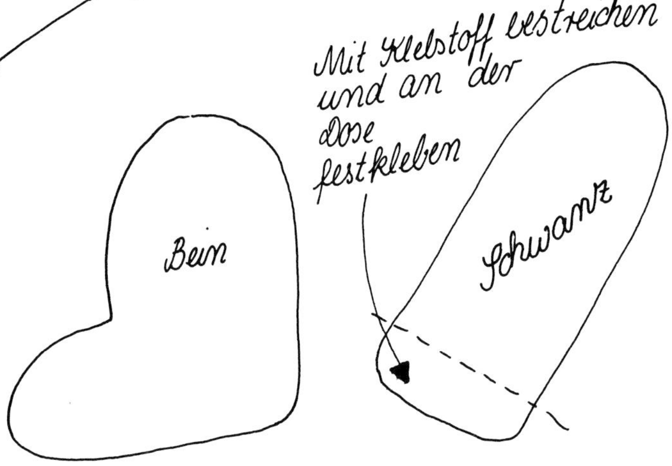

2. Außerdem schneidest du 3 Schwänze und je 2 Beine (also 6!) aus Pappe aus.

3. Dann umwickelst du die Kaffeedosen mit Packpapier und klebst das Papier an den Dosen fest.

4. Köpfe, Schwänze und Beine werden an den Kaffeedosen festgeklebt.

5. Auf die Schwänze malst du die Zahlen 1, 2 und 3.

Dann stellst du die Boxer im Hof auf und versuchst, mit Murmeln oder kleinen Bällen in die Mäuler zu treffen. Wenn du mit Freunden spielst, zählst du zum Schluß, wer die meisten Punkte hat.

3
2
1

Feiern

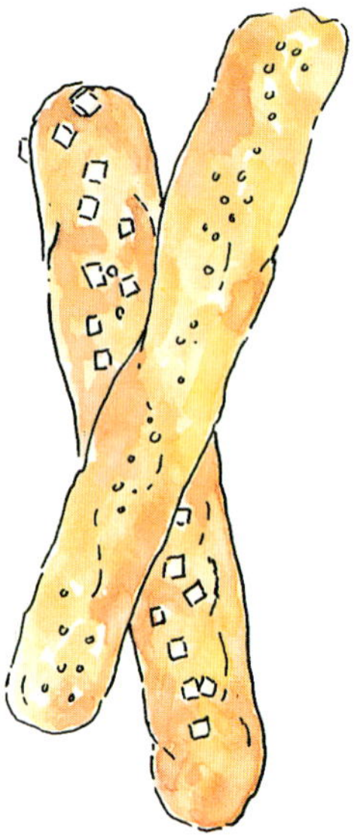

Möchtest du eine Party feiern? Hier sind Rezepte für süße und würzige Leckereien und ein Getränk.

Popcorn

ist eine gesunde Knabberei, aus getrocknetem Mais und Öl gemacht. Es geht nur mit einer bestimmten Sorte, die als „Popcorn-Mais“ verkauft wird.
Der Topf sollte nicht empfindlich sein.

Mohnstangen

ob kurz oder lang, mit Mohn, Sesam oder Nußstückchen bestreut. Die knusprigen Stangen schmecken frisch am besten!

Rosa Minze

aus Pfefferminztee, rotem Traubensaft und Apfelsaft. Eiswürfel mit gefrorenen Weintrauben oder anderen Früchten machen das Getränk bunt.

Pfefferminztee kochen

5 Teelöffel Pfefferminzteeblätter mit 1/2 Liter kochendem Wasser aufgießen. 10 Minuten ziehen lassen. Durchsieben und mit 1 Teelöffel Honig süßen, kalt stellen. Aus dem Saft einer Zitrone Eiswürfel zubereiten.

Abkühlen lassen

Zitroneneiswürfel

Tee mit Saft mischen

Tee mit 1/2 Liter Traubensaft und 1/2 Liter Apfelsaft vermischen, mit Eiswürfeln servieren.

Die Knalltüte

Bald wird auf dem Schulhof das lang ersehnte Sommerfest stattfinden. Trödelmarkt, Kuchenstände, Wettspiele, Musik und viele Überraschungen sind geplant. In allen Klassen wird geübt, gesungen und gebastelt. Jeder denkt sich etwas Besonderes aus. Auch Sabine und Birgit. Sie wollen als Zauberer auftreten und machen sich ihre Zauberkostüme selbst. Zuerst malen sie mit Stoffarbe Wolken, Sterne und einen Mond auf ein altes Nachthemd und einen Schlafanzug. Dann formen sie aus Papier einen spitzen Hut und bekleben ihn mit Sternen.
So ausgerüstet üben sie das Zauberkunststück jeden Tag.
Endlich ist der Tag des Festes gekommen. Es ist strahlend schönes Wetter und duftet herrlich nach Kuchen und Bratwurst. Girlanden hängen zwischen den Bäumen auf dem Schulhof, und selbst der Hausmeister hat gute Laune.
Es gibt viel zu sehen. Doch endlich sind Sabine und Birgit an der Reihe. Erwartungsvoll stehen die Zuschauer vor ihnen.
Sie halten in der einen Hand eine Tüte, in der anderen ein rotes Seidentuch. Beides zeigen sie den Zuschauern, die ganz genau aufpassen.
Das Seidentuch ist tatsächlich ein Tuch, und die Tüte ist leer, man kann deutlich bis auf den Boden sehen.
Sabine steckt jetzt das Tuch in die Tüte und knüllt den Tütenrand zusammen.
Nur noch ein kleines Loch ist offen. Sabine hebt die Tüte an den Mund und bläst sie prall auf. Dann spricht sie ganz laut den Zauberspruch, damit ihn alle hören können. Mit einem kräftigen Schlag bringt sie die Tüte zum Platzen. Es gibt einen lauten Knall, alle Zuschauer erschrecken. Aber was ist das? Konfetti wirbelt durch die Luft, und das rote Seidentuch ist verschwunden.
Lauter Beifall belohnt Sabine und Birgit für ihr gelungenes Zauberkunststück.

Ein großes Kunststück zeig ich hier
mit dieser Tüte aus Papier!
Blitz und Donner, Eulenschrei,
Höllenlärm und Zauberei,
Hasenpfote, Katzendreck,
ein Riesenknall – das Tuch ist weg!

Du brauchst:
Papiertüten,
ein Seidentuch,
Konfetti,
Bürolocher,
Schere, Klebstoff

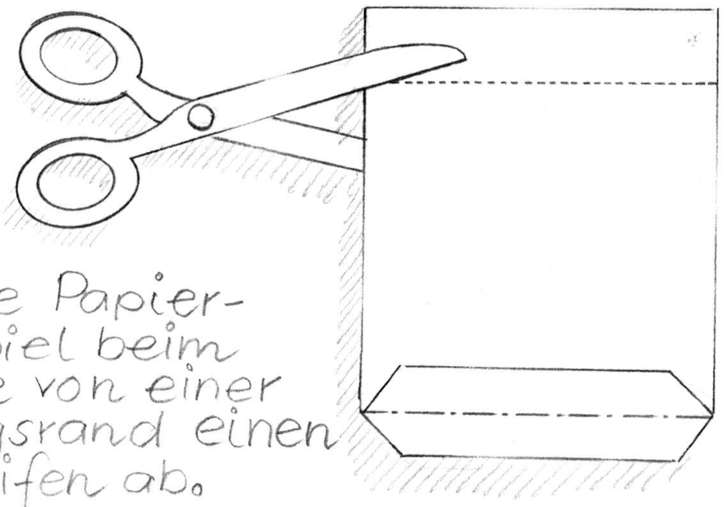

Besorge dir einige Papiertüten (zum Beispiel beim Bäcker). Schneide von einer Tüte vom Öffnungsrand einen 3 cm breiten Streifen ab.

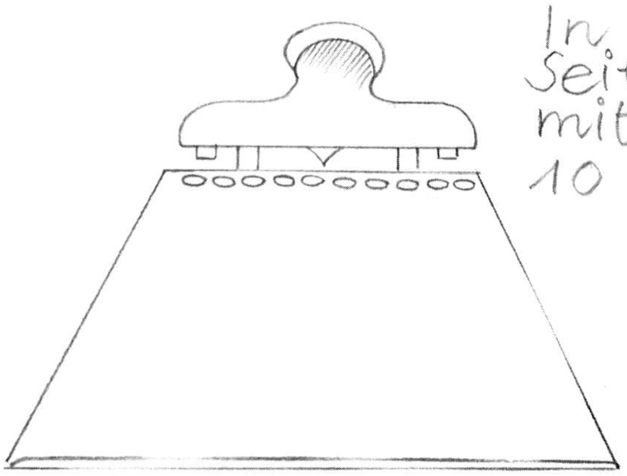

In die untere geschlossene Seite der Tüte machst du mit dem Bürolocher etwa 10 Löcher.

Fülle in eine zweite Tüte Konfetti. Schiebe die mit den Löchern versehene Tüte in die Tüte ohne Löcher.

Die beiden Tüten werden an den oberen Rändern zusammengeklebt.

SO WIRD DER TRICK VORGEFÜHRT:
Zeige die Tüte leer vor, laß das Seidentuch untersuchen und stecke es in die Tüte.

Blase die Tüte auf, bis sie prall gefüllt ist.

SAGE DEN ZAUBERSPRUCH

Schlage mit der freien Hand gegen die aufgeblasene Tüte, um sie zum Platzen zu bringen.

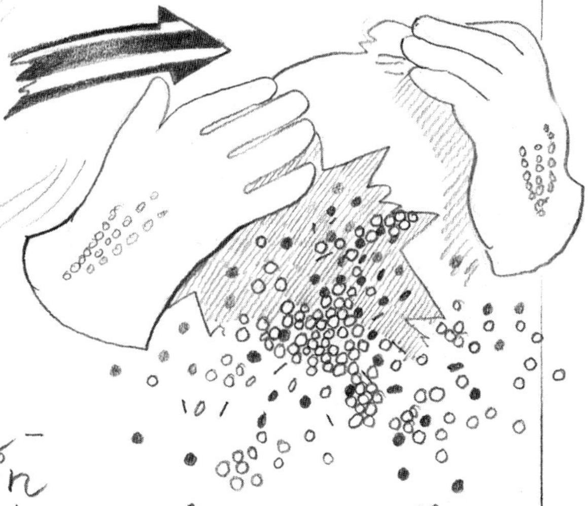

Beim Aufblasen ist durch die Löcher in der inneren Tüte Luft in den Zwischenraum gelangt und hat ein Luftpolster gebildet. Zerplatzen wird nur die äußere Tüte, weil sich in der inneren Tüte die Luft pressen kann. Das Tuch ist scheinbar verschwunden, dafür regnet es Konfetti. Knülle die Tüte zusammen, lege sie auf die Seite. Vergiß nicht, später das Tuch zu entfernen.

Das hält was aus

Klack, klack, klack, gleichmäßig klackern die Kugeln den Turm hinunter. Jedesmal, wenn sie in eine neue Laufschiene fallen, gibt es dieses Geräusch.

Die *Rollschienen* sind 30 cm lang. Ihre geknickten Seitenwände müssen ein paar Millimeter höher sein als die rollenden Kugeln. Die Schienen werden, wie es die Zeichnung zeigt, an beiden Enden eingeschnitten und geklebt. Jeweils an einem Ende der Schiene ist eine Klappe nach unten geöffnet. Hier kann die Kugel durchfallen.

Das *Turmgerüst* besteht aus einzelnen Würfelelementen. Ein Würfel mißt 22 x 22 cm. Er wird aus Winkelschienen zusammengeklebt.

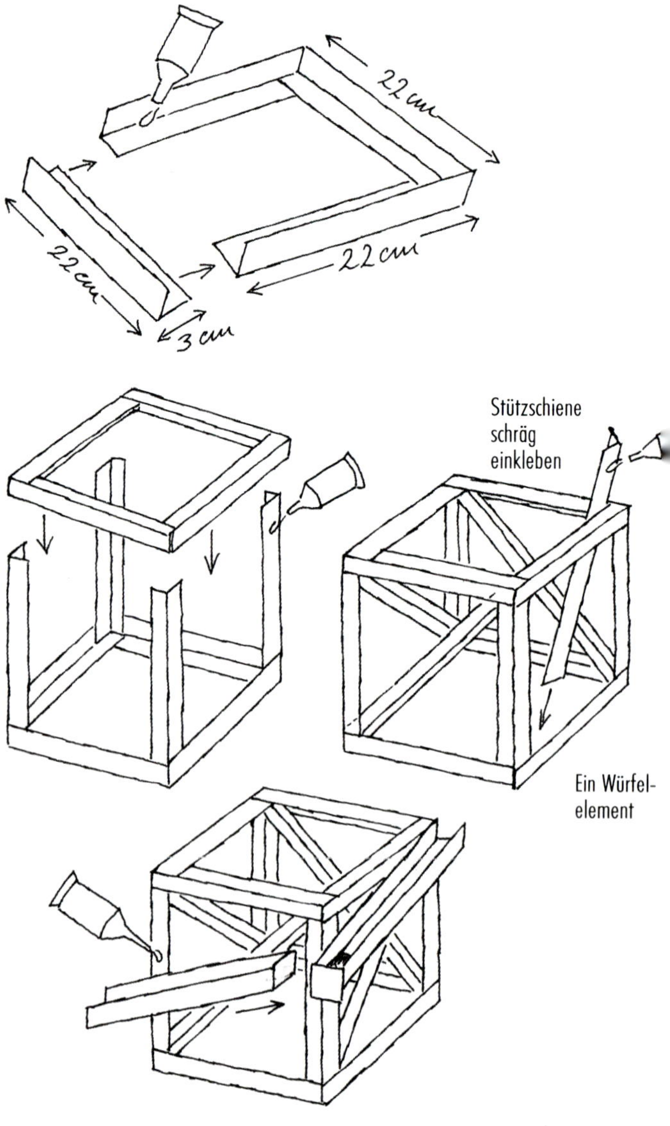

KUGELTURM

- dünner Zeichenkarton
- Lineal
- Bleistift
- Winkel
- Schere
- Kleber

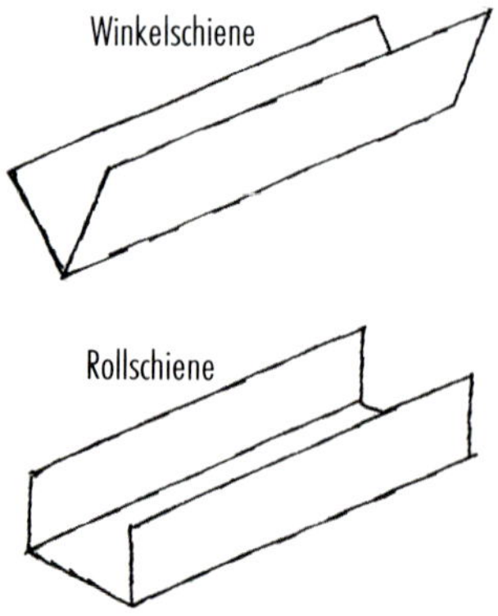

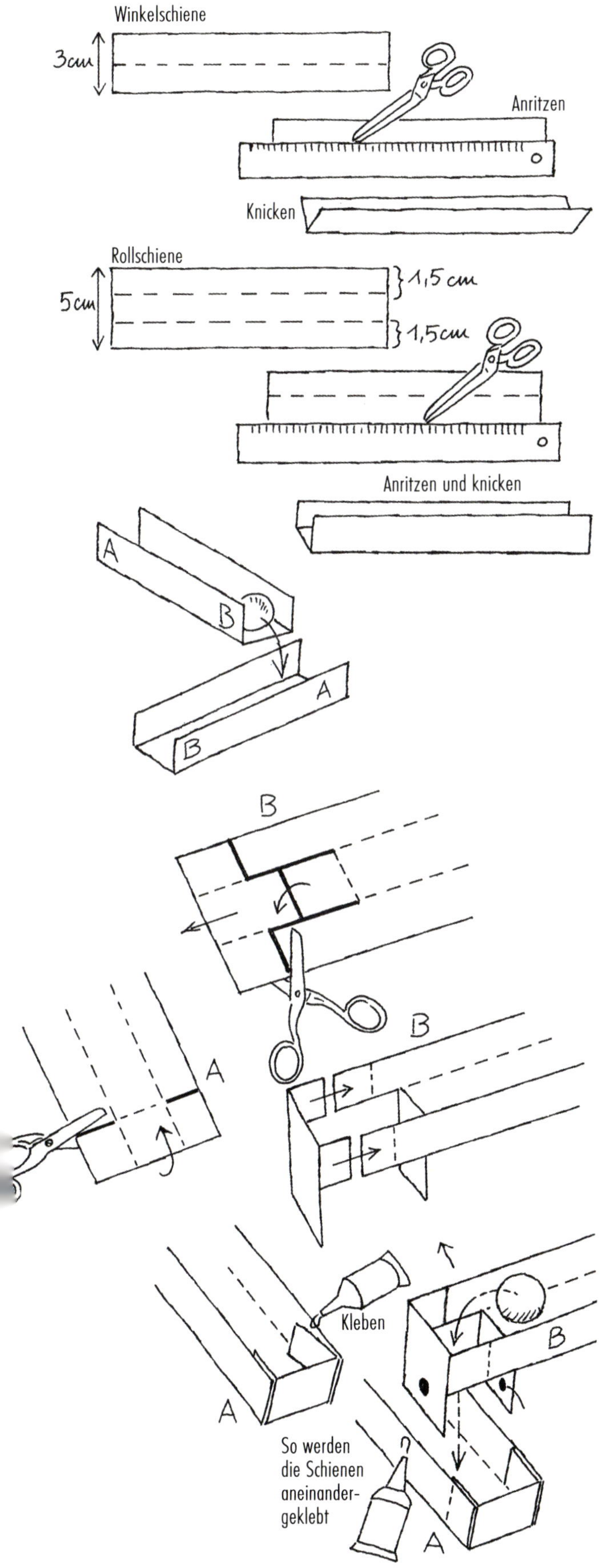

Die Brücke wird aus langen und kurzen Winkelschienen und Papierstreifen, als Planken, gebaut. Mit Hilfe einer Pappschablone werden aus Winkelschienen spitz geformte Gitterträger zusammengeklebt.

BRÜCKE

- festes Zeichenpapier
- Lineal
- Bleistift
- Karton
- Schere
- Kleber

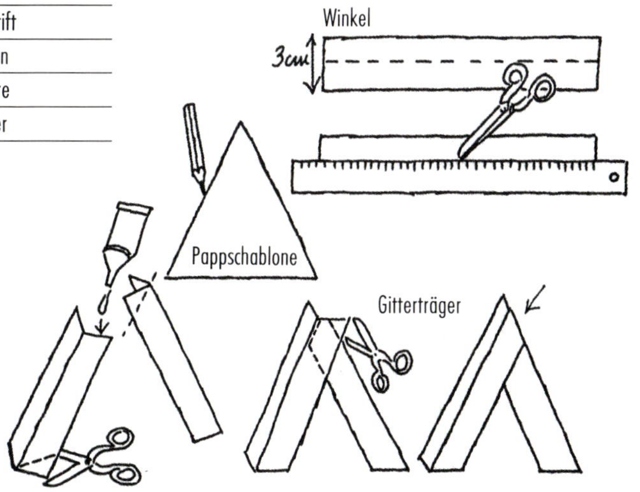

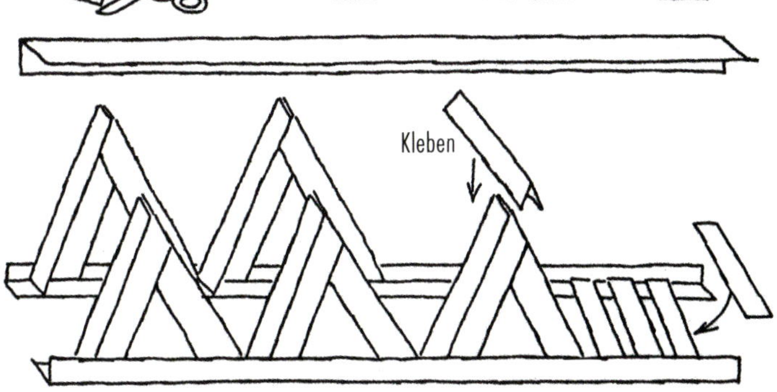

Süße Maus und komischer Vogel

So wird's gemacht

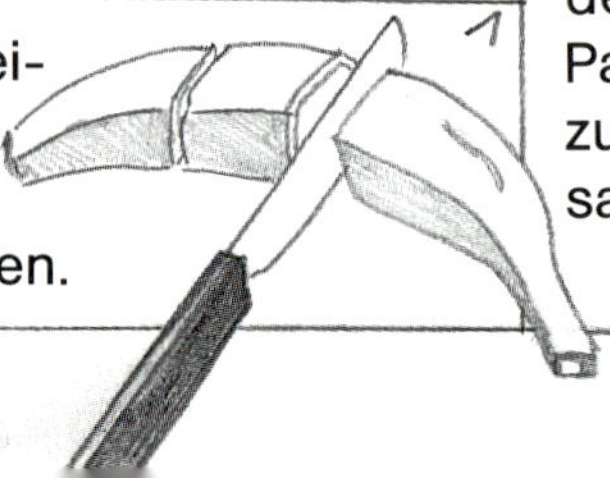

Bananen zerschneiden und als Nase, Kopf, Hals oder Schwanz verwenden.

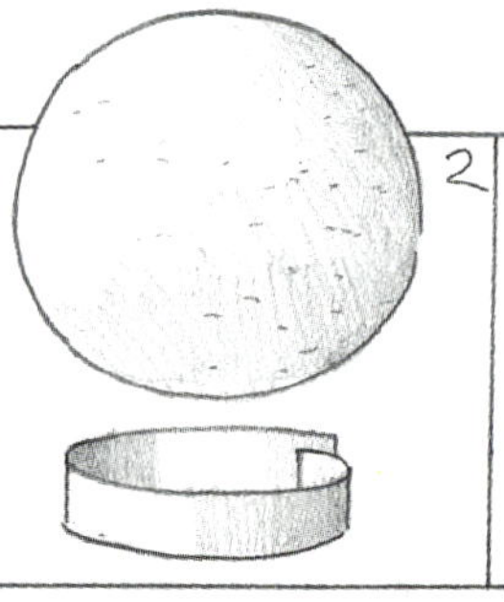

Für die Ständer werden Pappstreifen zu Ringen zusammengeklebt.

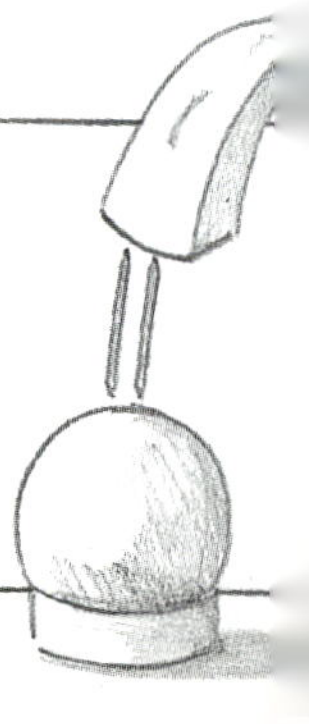

Die einzelnen Früchte und Fruchtteile mit Zahnstochern zusammenstecken.

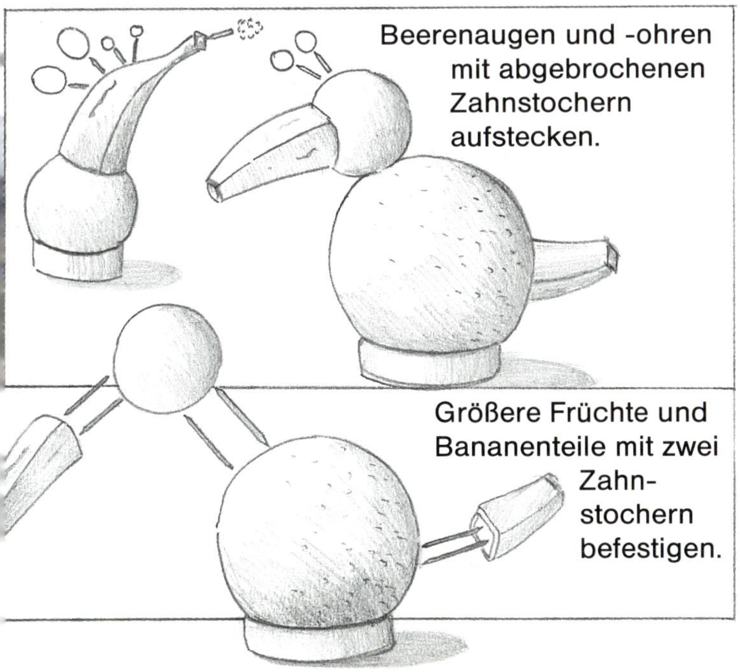

Beerenaugen und -ohren mit abgebrochenen Zahnstochern aufstecken.

Größere Früchte und Bananenteile mit zwei Zahnstochern befestigen.

Bananenschiffchen

An der nach innen gebogenen Seite einer Banane die Schale entfernen, den Fruchtteil sorgfältig herausheben und in zwei Teile schneiden. Beide Hälften in das Schalenschiffchen setzen. Augen und Nase aus Gewürznelken aufstecken. Vier Holzstäbchen als Ruder dazustecken, und das Schiffchen steht.

Was hältst du davon, wenn du dich in diesem Jahr zum Balkon-Obergärtner ernennen läßt und mal was ganz Neues machst, zum Beispiel einen Balkonkasten in eine Schmetterlingswiese verwandelst? Samen dafür kann man, auch unter diesem Namen, kaufen. Das sind solche Gräser und Blumen, die Schmetterlinge besonders gern haben.

In einem großen Kübel kannst du einen Wald wachsen lassen; steck einfach ein paar Eicheln, Bucheckern oder Kastanien in die Erde. Und dann kannst du feststellen, wer schneller wächst: du oder der Baum.

Wenn du eine Katze hast, solltest du ihr ein Grasgärtchen in eine Kiste säen. Sie frißt nämlich leidenschaftlich gern frische Gräser – und sie braucht das auch, um all die Haare, die sie beim Putzen verschluckt, wieder zusammen mit dem Gras herauszuwürgen.

Und hier sind noch mehr Balkon-Ideen: ein Vogelbad im Balkonkasten; ein Teich in einer großen Schüssel oder einem Mörtelkübel aus dem Baumarkt; setze eine Zwergseerose oder einen kleinen Rohrkolben hinein; eine Sandkiste, die zur Wüstenoase wird; ein Zierkürbis im Topf, der im Sommer schnell hochklettert und im Herbst lustige Früchte bekommt, mit denen du basteln kannst.

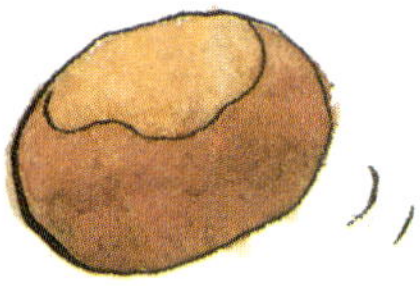

Viele tolle Ideen für den Balkon

Blütenkranz

Viele Blumen leuchten dir im Sommer von Wiesen und Feldern entgegen: rote Mohnblumen, blaue Glockenblumen, gelber Hahnenfuß, weiße Margeriten und Gänseblümchen. Daraus lassen sich die schönsten Blütenkränze binden.

So wird's gemacht

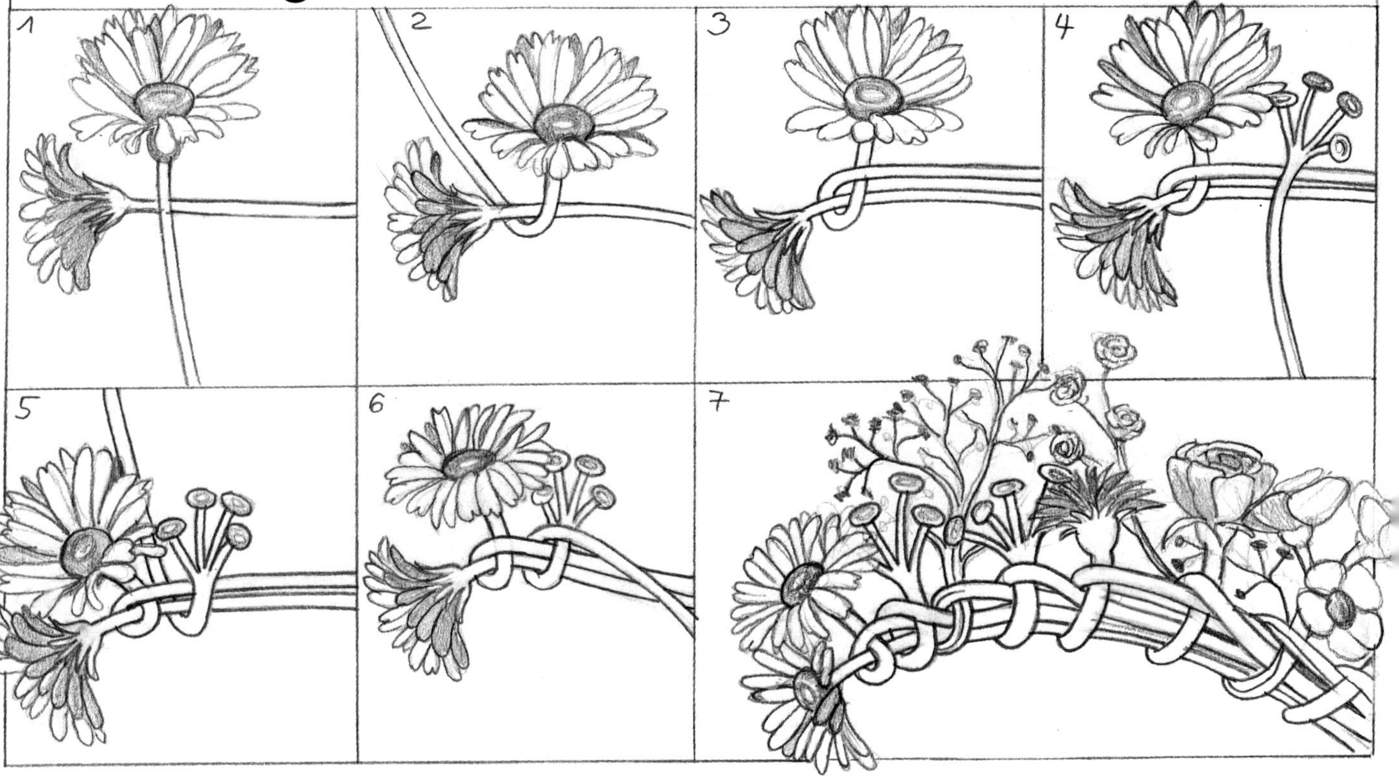

Siegreicher Lorbeerkranz,
auch als Trostpreis für Verlierer

Lorbeerblätter versetzt auf einen Pappstreifen kleben und zu einem Kranz zusammenkleben. Den fertigen Kranz kannst du mit Goldbronze lackieren oder die Blätter aus Goldfolie schneiden. Die Maserung wird mit einem Bleistift eingekerbt.

Schneckentempo

1. Forme einen Schneckenkörper.

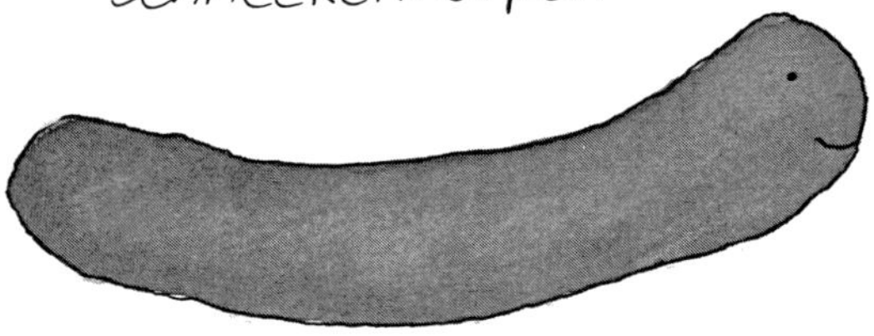

2. Rolle eine Tonrolle zu einer Schnecke auf.

3. Drücke sie zu einem Häuschen hoch. Fülle es mit Ton aus.

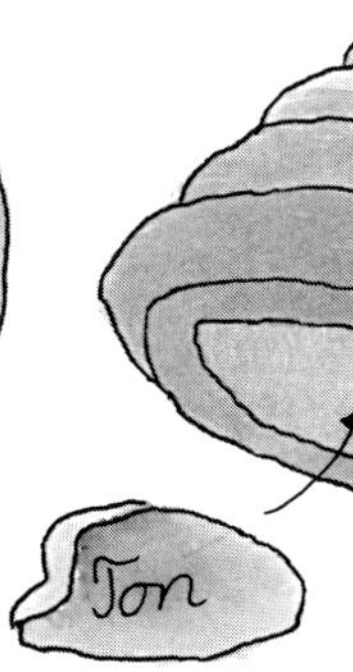

4. Setze das Schneckenhaus auf den Schneckenkörper.

5. Mache ein zweites, größeres Schneckenhaus, das innen hohl bleibt. Verstreiche die Innenseite gut. Dieses Schneckenhaus soll über das kleinere passen.

★ Der Würfel

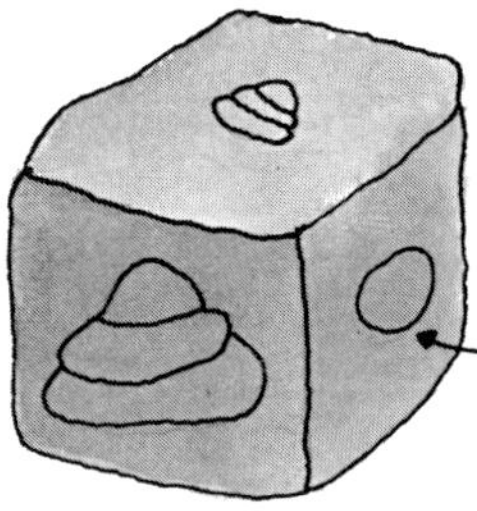

Forme einen kleinen Tonwürfel. Ritze je zweimal diese Zeichen ein.

Sie bedeuten:

 = ein Feld weiterziehen

 = stehenbleiben

 = ein Feld zurückrutschen

★gewürfelt wird der Reihe nach

6. ☆ Spielregel ☆

Das Spielfeld malst du auf Papier.★Sobald eine Schnecke das Ziel erreicht hat, darf sie das größere Schneckenhaus aufsetzen.

Mit Kreide kannst du auch auf dem Plattenweg ein Spielfeld zeichnen.

Bären-Zeit für Beeren-Sammler

Jetzt beginnt eine Bären-Zeit für Beeren-Sammler. Himbeeren, Heidelbeeren und Brombeeren sind reif. Für Köche und Genießer zeigt der Spätsommer noch einmal seine schönste Seite. Magst du vielleicht die dicken, schwarzen Brombeeren besonders gern? Dann gleich die Gummistiefel her, ein paar feste Handschuhe und einen Korb für deine Ernte! Lange Hosenbeine und lange Ärmel können auch nicht schaden, denn dir steht eine dornige Arbeit bevor. Brombeerhecken findest du an Wegrändern, im Wald und auf Wiesen – aber sie haben es in sich! Nicht nur die Zweige sind mit Dornen gespickt, auch jedes Blatt trägt an der Unterseite steife, piksende Stachelhaare. Brombeerzweige ranken sich um alles, was sie finden können. Dich erwartet also ein richtiger Dschungel.

Wenn du dort bist, nasch doch erst einmal ein paar Beeren frisch vom Strauch, ehe du deinen Korb füllst. Und dann stell dir den Bären-Genuß vor, wenn du dir an einem kalten Wintermorgen Brombeermarmelade auf ein frisches Butterbrötchen streichst…

Wenn du Marmelade kochen willst, sammelst du am besten vorher viele Gläser mit Schraubverschluß.

Vielleicht findest du noch schöne Stoffreste, die du über den Deckel binden kannst.

Die Schilder für deine Marmeladengläser kannst du selbst malen.

Entweder klebst du das gemalte Schild direkt auf das Glas oder du fädelst es auf die Schnur, die du um den Deckel bindest.

Brombeermarmelade

1 Pfund Brombeeren, 1 Pfund Zucker, ½ Zitrone

Die Brombeeren unter fließendem Wasser waschen und matschige Beeren wegwerfen. In einem Sieb abtropfen lassen. Dann die Beeren in einer großen Glasschüssel mit dem Zucker vermischen, mit einem sauberen Tuch bedecken und über Nacht an einen kühlen Platz stellen. Am nächsten Tag die Beeren-Zucker-Mischung in einen großen Topf schütten, den Zitronensaft dazugeben und mit einem Holzlöffel gut umrühren. Die Masse unter ständigem Rühren zum Kochen bringen. Dann die Hitze zurückdrehen und unter Rühren eine Viertelstunde weiterkochen lassen. Dabei wird die Marmelade etwas dicker. Anschließend den Topf vom Herd nehmen und die Marmelade mit einer Schöpfkelle in Schraubgläser füllen, die zuvor mit heißem Wasser ausgespült wurden. Die Gläser sofort fest zuschrauben.

Eine uralte Sage erzählt, daß Hexen ihre Schuhe mit Brombeeren geputzt haben. Deshalb wollten die Menschen diese Beeren früher nicht essen!

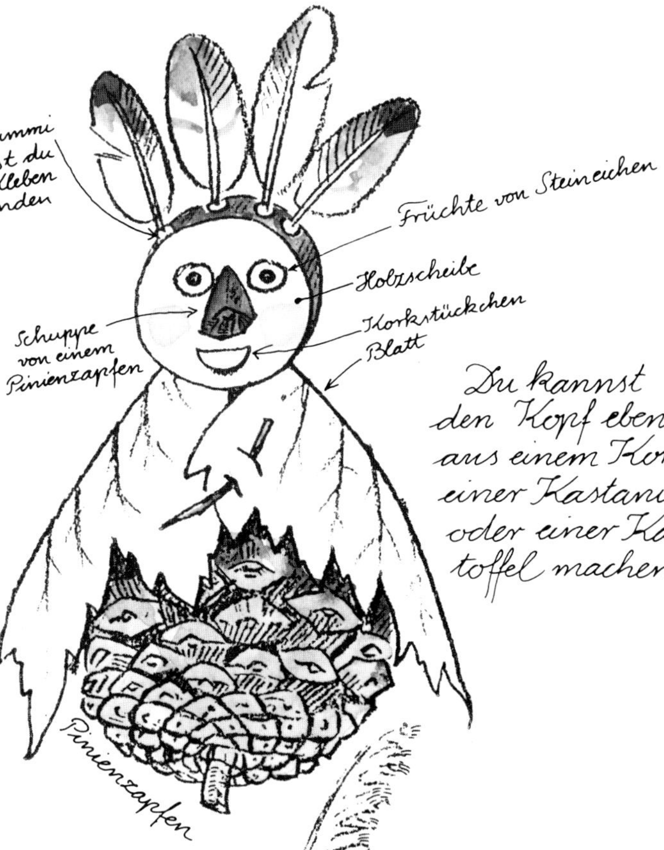

Du kannst den Kopf ebenso aus einem Korken, einer Kastanie oder einer Kartoffel machen.

Baue deinen Indianer aus den Naturmaterialien, die du gerade findest.

So baust du das Boot:

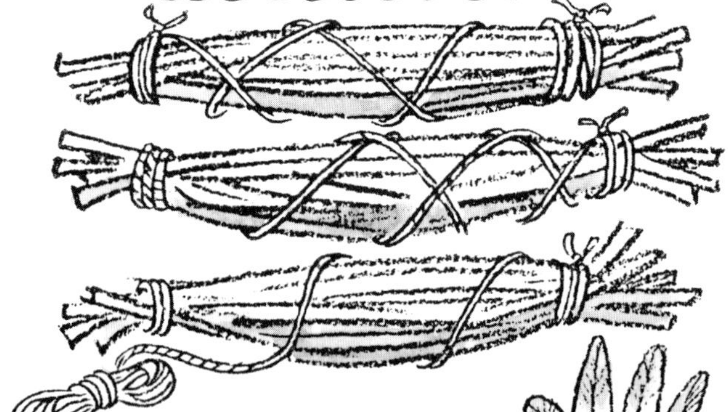

1. Schnüre aus den Binsen drei Bündel.

2. Setze den Indianer auf das mittlere Bündel und binde ihn mit den beiden anderen Bündeln darauf fest.

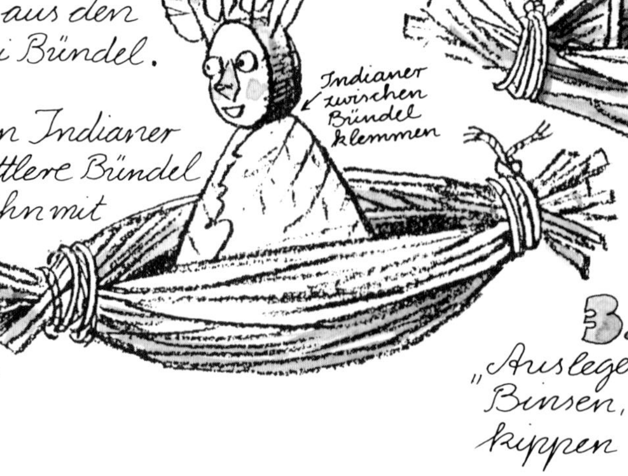

3. Stecke „Ausleger" aus Holz durch die Binsen, damit das Boot nicht kippen kann.

Häuptling Morgenwind

*Er sitzt in seinem Schilfboot am
Ufer des Titicacasees und wartet
auf einen großen Fisch.*

Herbst

Wenn der frische Herbstwind weht

Text: Albert Sixtus / Melodie: Richard Rudolf Klein

2. Und er wackelt mit dem Ohr,
wackelt mit dem Schwänzchen.
Und er tanzt den Wolken vor,
hui, ein lustig Tänzchen.

Süße Blumen für Brummbeeren

Hast du Lust deine Freunde mit
selbstgepflückten Beeren zu überraschen?
In dieser Verpackung
schmecken sie nochmal so gut.

So wird's gemacht

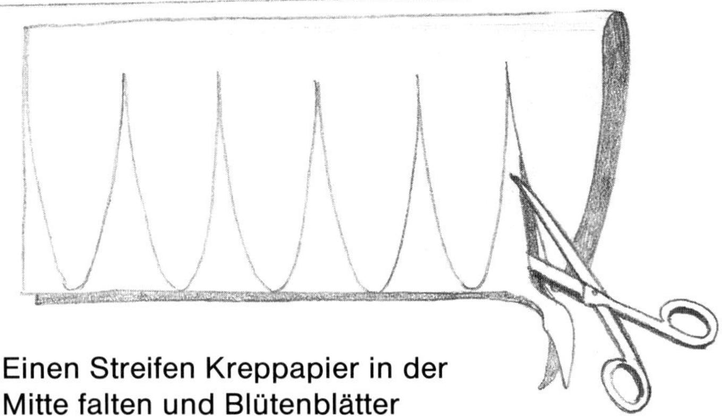

Einen Streifen Kreppapier in der Mitte falten und Blütenblätter einschneiden.

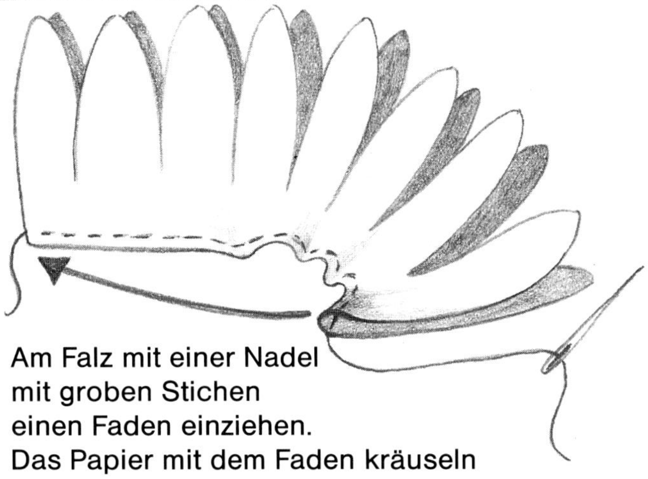

Am Falz mit einer Nadel mit groben Stichen einen Faden einziehen. Das Papier mit dem Faden kräuseln und zu einer Blume zusammenbinden.

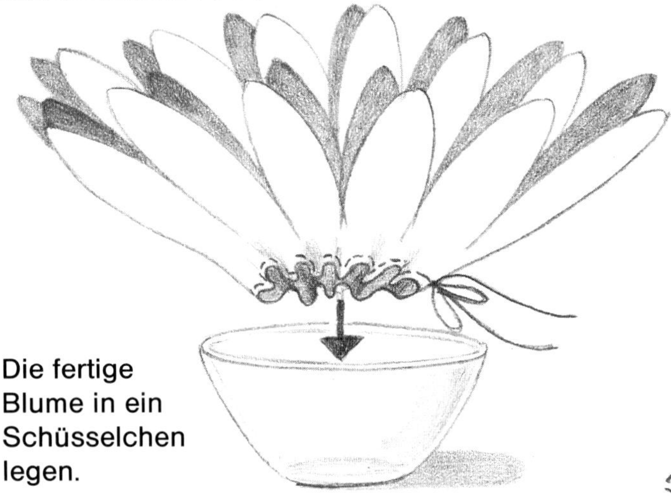

Die fertige Blume in ein Schüsselchen legen.

Beeren in die Blume schütten.

Puddingblume

Du kannst auch eine Schüssel mit Pudding oder bunter Grütze in die Blume stellen.

Ein gewebtes Bild

Du brauchst:
einen Schuhkartondeckel, Bindfaden, Wolle in verschiedenen Farben, eine Schere, eine Stopfnadel.

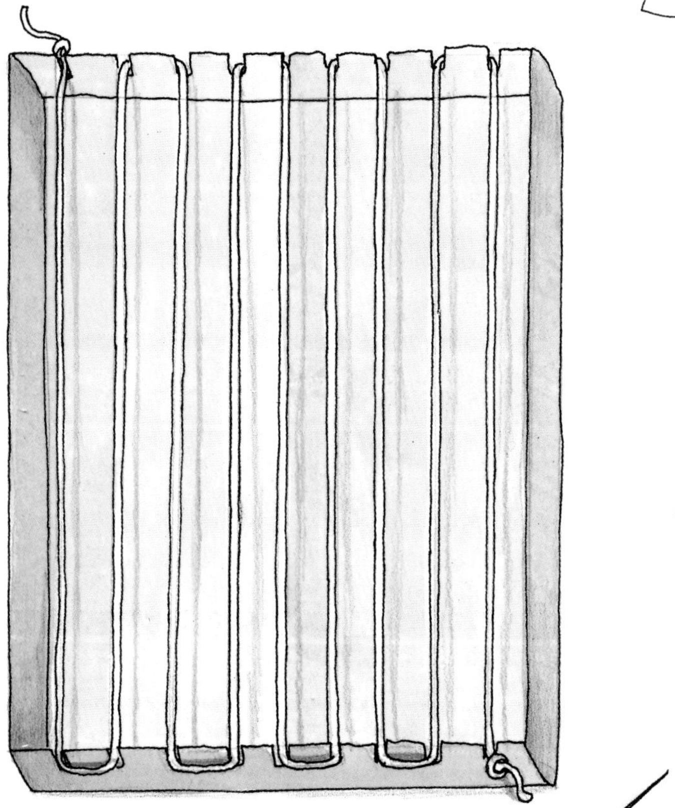

Zuerst schneidest du in 2 gegenüberliegende Kanten des Kartons gleichviele Kerben ein.

Du nimmst einen langen Bindfaden, machst einen Knoten und spannst ihn so um die Kerben, wie es die ← Zeichnung zeigt.

Du fädelst Wolle auf eine Stopfnadel – bei dünnem Garn nimmst du den Faden doppelt – und fängst an zu weben.

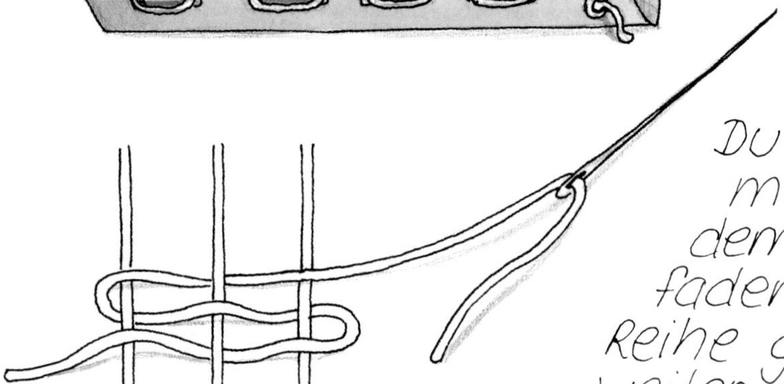

Du führst die Nadel einmal über, einmal unter dem gespannten Bindfaden durch. In der nächsten Reihe geht es umgekehrt so weiter.

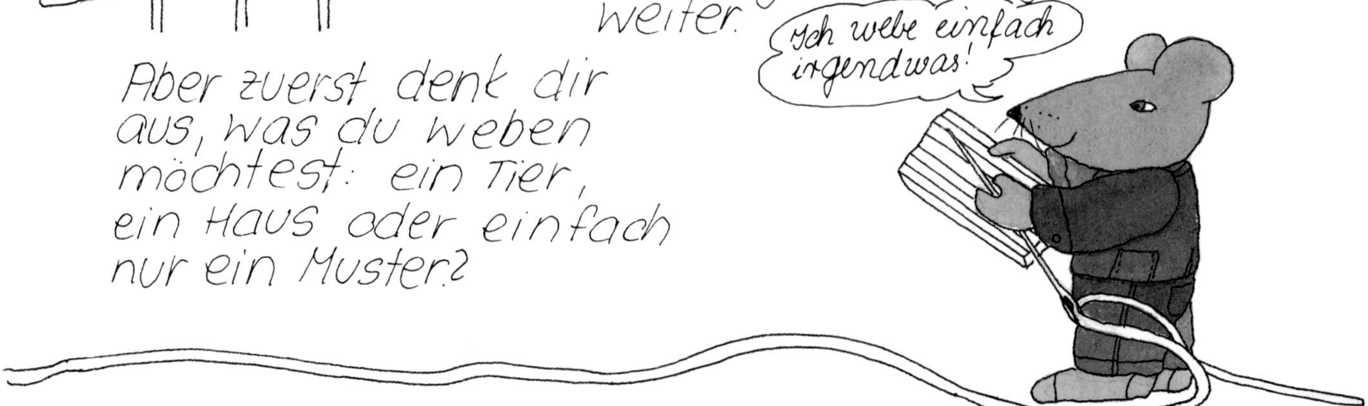

Aber zuerst denk dir aus, was du weben möchtest: ein Tier, ein Haus oder einfach nur ein Muster?

Bestimmt hast du schon viele Bilder gemalt, aber hast du auch schon einmal eines gewebt? Das ist gar nicht schwer. Du spannst einfach Fäden in einen Schuhkarton und fängst an zu weben. Hast du schon eine tolle Idee dafür?

Schattenspiel mit Fingerpuppen

Weißt du eigentlich, wie schön deine Hände tanzen können?
Warte, bis die Sonne durchs Fenster scheint. Dann zaubert sie dir die schönsten Bilder und Geschichten aus den Schatten deiner Hände. Um diese Zaubereien einzufangen, brauchst du nicht viel mehr als ein Taschentuch. Das hängst du an einer Leine vors Fenster.
Die kleinen Schattenfiguren auf dem Bild nebenan kannst du dir auf die Finger stecken und spielen und tanzen lassen.

Du brauchst:
Schwarzes Papier,
Kleber und Schere.

Falte ein Stück schwarzes Papier und schneide verschiedene Formen aus. Schneide einmal vom Falz und einmal vom Rand ein. Wenn du das Papier wieder aufklappst, ist eine Form entstanden. Was könnte das für eine Schattenfigur werden? Ein Elefant mit Flügeln? Ein Fisch mit Regenschirm? Ein Clown, ein Baum…?

Schmücke deine Finger mit den Papierschnipseln, Grashalmen oder Locken aus Geschenkband.
Dann klebst du deine Schattenpuppe auf einen Papierring und steckst sie auf den Finger.
Lustig sieht es aus, wenn die Finger links und rechts kleine Papierhändchen aufgesetzt bekommen. So kann deine Puppe winken, in die Hände klatschen oder ein Musikstück dirigieren.

englische Schattenspielfiguren 1853

Es ist etwas und ist doch nichts.
Du siehst's und kannst es niemals greifen.
Mal ist es groß, mal ist es klein,
begleitet dich beim Sonnenschein!

(Schatten)

Ich gehe durch Hecken und Zäune
und raschle nicht,
auch durch die Fensterscheibe,
und doch zerbrech ich sie nicht.

(Licht)

Gespensteraugen funkeln

Achtung! Hier lauern die Gespenster! Erkennst du die schaurig-schönen Geistergesichter auf den Fotos? Wenn du genau hinschaust, dann siehst du, daß alles ganz harmlos ist: Der Spuk sind ausgehöhlte Wassermelonen und Kürbisse. Und so wird die Melone zum Gespenst: Von einer Wassermelone schneidest du mit einem großen Messer vorsichtig einen Deckel ab. Dann nimmst du mit dem Löffel das Fruchtfleisch heraus. Stelle es gleich in einer Schüssel in den Kühlschrank, gut gekühlt schmeckt es am besten.
Auch einen Kürbis oder eine Zuckerrübe kannst du so bearbeiten, allerdings mußt du zum Aushöhlen ein Messer nehmen, denn sie sind härter.
Bist du damit fertig, werden vorsichtig Augen, Mund und Nase herausgeschnitten. Zum Schluß stellst du ein Teelicht in die Mitte – und schon funkeln die Gespensteraugen mit feurigem Blick.

Geistergesichter zu schnitzen und andere damit zu erschrecken, das war schon früher ein Brauch. Und heute noch feiert man am 31. Oktober in England, Irland und den USA ein Gespensterfest, es heißt Halloween.
Ursprünglich war Halloween ein Herbst- oder Erntefest der Druiden. Mit Spielen, Wettkämpfen, Musik und Unterhaltung sowie einem großen Festessen wurde dieser Tag gefeiert.
Man glaubte auch, daß an diesem Tag die bösen Geister und Hexen erscheinen würden und nachts überall ihren Spuk trieben. Deshalb wurden große Leuchtfeuer errichtet, alle Leute verkleideten sich, trugen Masken und lärmten und tanzten die ganze Nacht.
Auf diese Weise wollte man die Geister erschrecken, wieder verjagen oder wenigstens von sich fernhalten.
In ähnlicher Form wird auch heute noch Halloween gefeiert, allerdings nur als Spaß.

Rübengeister

Auch bei uns treiben die Geister zur Herbst- und Erntezeit ihren nächtlichen Spuk, vor allem dann, wenn gerade die Zuckerrüben und Kürbisse geerntet werden. Es ist der Spaß am Gespensterspiel, der diese kleinen oder großen Geister auf die Straße treibt.

Am Abend treffen sich heimlich die Kinder. Sie bringen Zuckerrüben oder Kürbisse mit. Daraus schnitzen sie sich wilde Geistergesichter, die furchterregend aussehen sollen.
Wie diese Gesichter gemacht werden, das wird dir auf Seite 78 genau erklärt.
Zum Schluß wird der Gespensterkopf an einem Stab befestigt und rundum in ein weißes Tuch gewickelt – schon ist das Nachtgespenst perfekt.

Kartoffelofen

1. Forme einen dicken Tonblock.

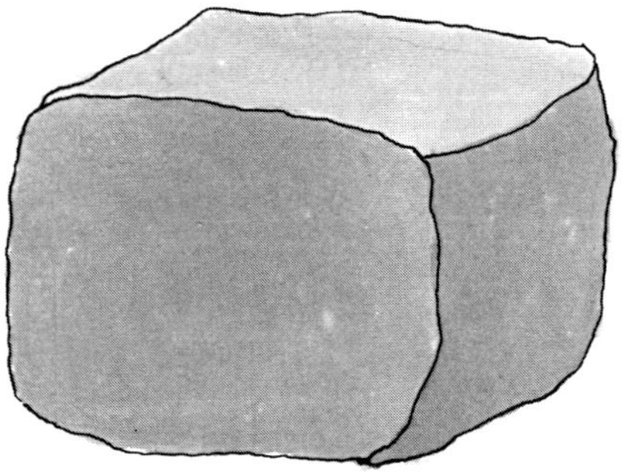

2. Höhle die Feuerstelle von vorne aus. Damit die Bodenplatte größer wird, schiebe den Ton dabei nach vorne.

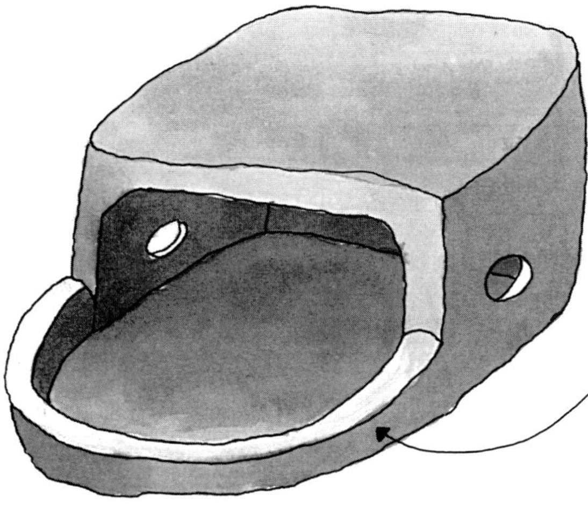

3. Forme einen Rand auf der Boden=platte. In die drei Seiten bohrst du dicht über dem Boden mit dem Finger jeweils ein Luftloch.

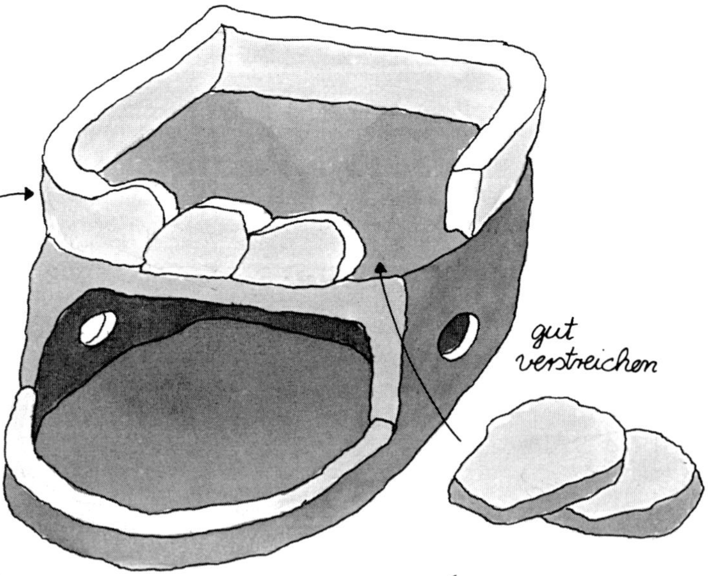

4. Setze um die Herdplatte einen Rand aus Tonstückchen. Die Herdplatte muß schön glatt sein.

5. Erst wenn der Ton ganz trocken ist, den Herd brennen lassen.

6. Feuern kannst du mit Holzstückchen und Holzkohle.

☆ Kochtip ☆

Schneide die Kartoffeln in Scheiben, bestreiche sie mit Öl und lege sie nebeneinander auf die Herdplatte.

Hagebutten-Männchen

Die Hage-
butte
ist die
Frucht
der
Hecken-
rose.

„Ein Männlein steht im Walde ganz still und stumm. Es hat von lauter Purpur ein Mäntlein um. Sag, wer mag das Männlein sein, das da steht im Wald allein, mit dem purpurroten Mäntelein?"
Hast du es erraten?
Vielleicht hilft dir das zweite Rätsel: Welches Märchen erzählt von einer Dornenhecke, die eines Tages riesengroß wurde? Im Schloß hinter der Hecke schliefen alle Bewohner hundert Jahre – bis ein Königssohn kam, dem sich die Hecke auftat und mit einem Kuß alle vom Schlaf erlöste.
Es war Dornröschen, das er wachküßte. Sie hat die Dornenhecke mit den Rosenblüten berühmt gemacht. Und das Lied vom purpurroten Mäntelein läßt auch die Frucht der Heckenrose nicht in Vergessenheit geraten. Denn sie – die Hagebutte – solltest du erraten. Wenn du im herbstlichen Wald oder im Park spazierengehst, leuchten dir von den Sträuchern der Heckenrose Hunderte dieser kleinen, roten Männlein entgegen.

Kannst du das
Lied singen?

Hier steht
die zweite
Strophe!

Ein Männlein
steht im Walde
auf einem
Bein, es hat
auf seinem
Haupte schwarz
Käpplein klein.

Sag, wer mag
das Männlein
sein, das da
steht auf einem
Bein, mit dem
kleinen schwar-
zen Käppelein?

Im Inneren der Hagebutte sitzen viele kleine, haarige Kerne, die ganz schön jucken, wenn du sie jemandem in den Kragen schüttest. Aus den Hagebuttenschalen kannst du Marmelade kochen. Wenn du gern Tee trinkst, läßt du die Schalen an der Luft trocknen und zerbröselst sie danach. Hagebuttentee ist dunkelrot, schmeckt

ein wenig säuerlich und ist sehr gesund, weil die Hagebutten voller Vitamine stecken. Und wenn du abends Hagebuttentee trinkst, träumst du vielleicht vom Dornröschen und der riesengroßen Hecke…

Hagebuttencreme

500 g Hagebutten, 150 g flüssiger Honig, 3 Eigelb, ½ l saure Sahne

Von den Hagebutten Stiele und Blüten abzupfen und dann mit einem Messer der Länge nach halbieren. Aus den Hälften die Kerne und Härchen mit einem kleinen Löffel herausschaben. Die Schalen sauber waschen und in einem Sieb abtropfen, anschließend in einen Topf geben und soviel Wasser aufgießen, daß sie gerade bedeckt sind. Etwa 15 Minuten leicht kochen lassen und dann durch ein Sieb in eine Schüssel rühren. Auskühlen lassen. Das Eigelb mit dem Honig und der sauren Sahne verrühren, und diese Masse unter das Hagebuttenmus rühren. Eine halbe Stunde in den Kühlschrank stellen.

Aus den Kernen kannst du Juckpulver machen.

Das kannst du aus Hagebutten basteln:

Die beiden Männchen tragen Kleider aus Blättern, die trichterförmig aufgerollt werden. Kopf und Kleid werden von einem Zahnstocher zusammengehalten.

Das Zeitungsblatt

Text: Josef Guggenmos · Melodie: Dorothée Kreusch-Jacob

Heut flatterte durch unsre Stadt
ein großes, keckes Zeitungsblatt,
mir selber ist's begegnet.

Herab die Straße im Galopp
kam es gelaufen, hopp, hopp, hopp.
Es hüpfte, hopste, tanzte.

Allmählich wurd es müd', es kroch,
es schlurfte nur, es schlich nur noch.
Und legte still sich nieder.

Da lag's, wie eine Flunder platt.
Dann aber tat das Zeitungsblatt
ganz plötzlich einen Sprung.

Stieg steil empor in kühnem Flug,
wobei es ein paar Saltos schlug,
und landete dann wieder.

Da saß es nun und duckte sich.
Jetzt krieg' ich dich – doch es entwich
mit tausend Purzelbäumen.

Ein Flatterkostüm aus Zeitungen ist schnell gemacht. Damit läßt es sich schön raschelig tanzen. Verschiedene Kinder können einzelne Strophen des Liedes übernehmen. In ihren Bewegungen „erzählen" sie, was das flatternde Zeitungsblatt alles erlebt.

D-Zug dritter Klasse

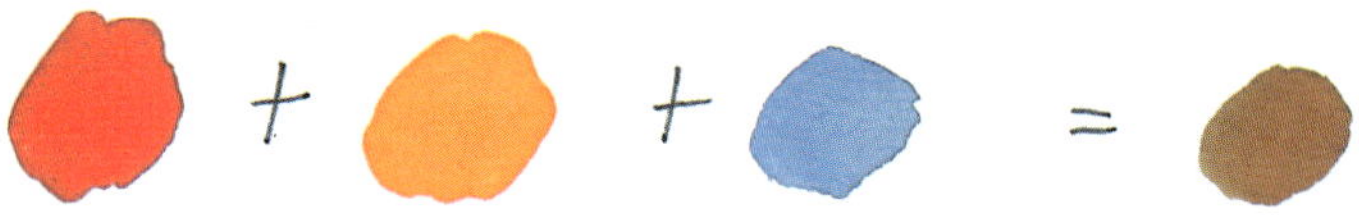

Braun

Alles, was Lisa bei Braun einfällt, findet sie so gemütlich, zum Beispiel heißen Kakao, die warme Erde, einen dicken Bären – ach ja, und die Lebkuchen, die Lisa so gerne ißt.
Lisa wollte auch einmal eine Höhle in der Erde malen, mit vielen dunklen und helleren Brauntönen. Sie hat alle Farben angeguckt und konnte sich überhaupt nicht denken, woraus sie ein Braun mischen könnte. Lisa hat es aber immer wieder versucht, und dann fand sie die beste Mischung: Rot und Gelb und Blau ergeben Braun.
Da konnte Lisa endlich die Erdhöhle malen. Die ganze Erde ist dunkelbraun geworden, und die unterirdischen Gänge hat sie in einem etwas helleren Braun gemalt. Lisa hat sich das Bild angeschaut und sich vorgestellt, daß es bestimmt toll ist, in der Höhle zu sitzen, Kakao zu trinken und Lebkuchen zu essen. Es fehlte nur noch der dicke Bär. Aber sie hatte keine Lust mehr, noch einen Bären zu malen. Deshalb hat Lisa aus braunem Tonpapier einen Bären gerissen und aufgeklebt. Er gefällt Lisa sehr gut, weil er so schön kuschelig aussieht.

Schön kuschelig, so ein Bär!

Tamburin und Trommel

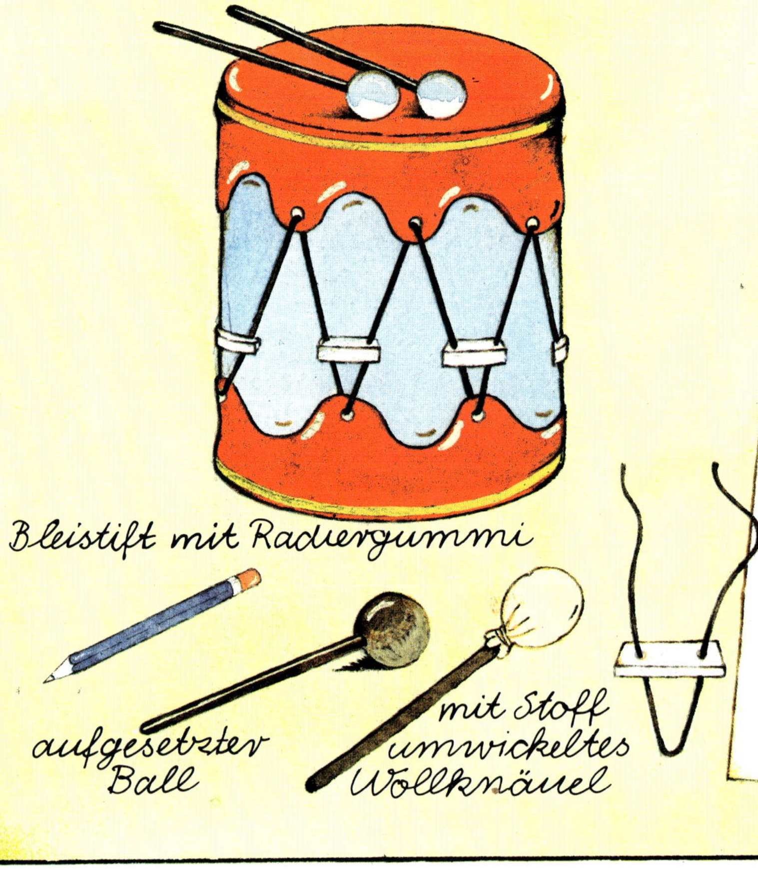

Material:
Waschmitteltonne,
2 Trommelfelle aus starker Plastikfolie.
Schnur zum Spannen der Felle.
6–8 Hölzchen mit je 2 Löchern

Die Schnur durch Löcher in der Folie und in den Hölzchen straff durchziehen. Das Trommelfell wird durch Verschieben der Hölzchen gespannt und gestimmt.

Tonleiterhaus

Willst du ein Xylophon-Spiel bauen, in das du auch hineinschlüpfen kannst? Dann bringe in deinem Musikhaus viele Klangspiele an, die du von allen Seiten, von draußen und drinnen, allein oder mit deinen Freunden zusammen bespielen kannst.

So bau dir den Drachen aus einer Plastiktüte:

1. Zerschneide die Plastiktüte.

Wichtig! Bitte arbeite genau mit dem Zentimetermaß!

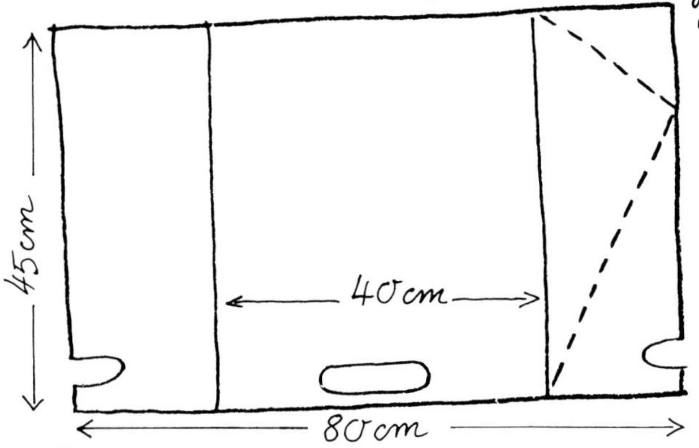

2. Klappe sie auseinander.

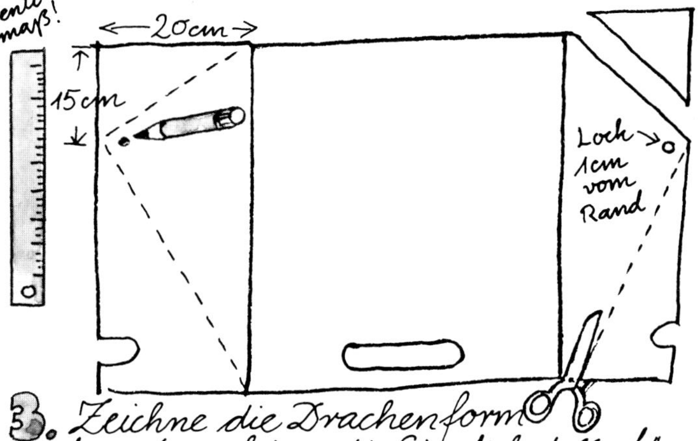

3. Zeichne die Drachenform auf und markiere die Einstichstelle für die Drachenschnur.

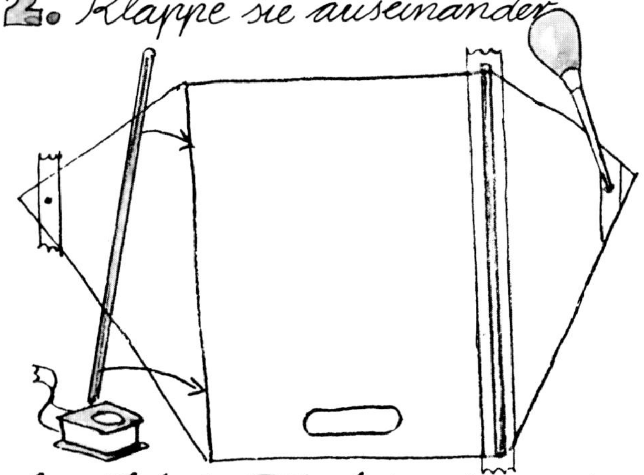

4. Klebe Tesafilm über die Einstichpunkte und stich ein Loch durch. Die Rundhölzer klebe auf die Längskanten der Tüte.

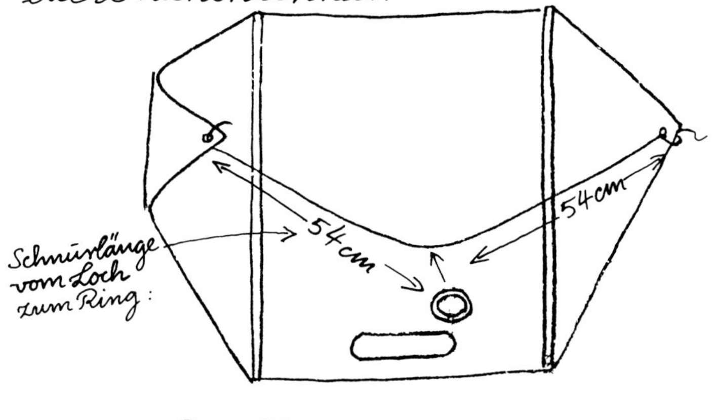

5. Fädle eine Schnur durch die Löcher und knote sie fest.

6. Befestige so den Ring an der Schnur.

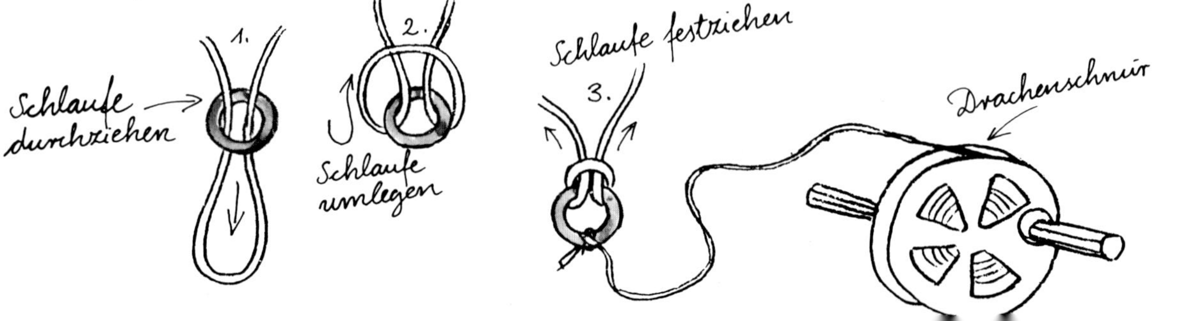

Flugtüten

Sie steigen schon bei leichtem Wind hoch in die Luft. Fülle sie mit Himmelsblau und Wolkenwatte.

Blättergesicht

Der Ahornbaum hat seine Blätter abgeworfen. Bevor sie der Wind in alle Richtungen davonjagt, kannst du mit ihnen spielen. Wirf sie hoch und fang sie auf. Schau, wie sie fliegen! Horch, wie sie rascheln!
Oder willst du dir ein goldenes Blättergesicht machen, wie die Königin im Lied?

aus Österreich

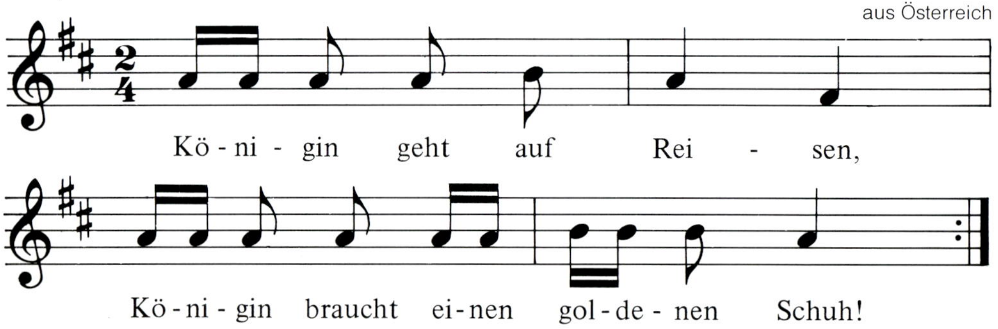

ein goldenes Gesicht
ein goldenes Kleid
eine goldene Kron'

nach einem Bild von 1876

Suche dir ein großes Blatt, hinter dem sich dein Gesicht verstecken kann. Zwei Löcher für die Augen zum Durchschauen. An den Seiten zwei Zweige als Haarschmuck… und einen roten Blumenmund.
Jetzt ist deine goldene Blättermaske fertig!

Zwergen-verwandlung

Wie sich der Zwerg in die Maus verwandelt – Zwergenverwandlungsbild

Du brauchst: 1 rahmenlosen Bildhalter, Farbstifte, Papier, Klebstoff, gesiebten Vogel- oder Strandsand, Textilklebeband, Gummi-Dichtungsband (aus dem Baumarkt).

Als erstes den Bildhalter öffnen. Ein Stück Papier auf die gleiche Größe schneiden und in der Mitte falten. Auf die eine Hälfte einen Zwerg, auf die andere eine Maus malen (mit den Köpfen zur Mitte). Das Bild auf die Rückwand des Bildhalters kleben.

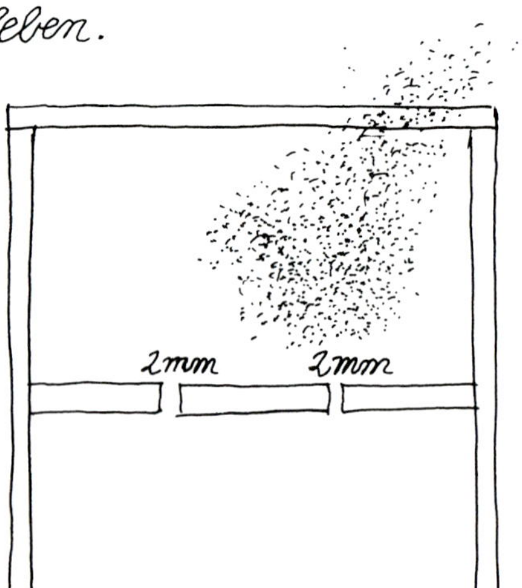

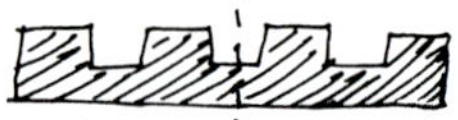

Halbiere das Gummidichtungsband und klebe es zuerst dicht an die Kanten der Glasscheibe. Klebe es gut fest und zusammen, damit der Sand später nicht herausrieseln kann. 3 Stücke kleb' in die Mitte, mit ca. 2 mm Abstand voneinander.
Nun eine Hälfte ganz mit Sand füllen und die Rückwand mit dem Bild nach innen auf das Glas legen und fest zusammendrücken.
Mit Textilklebeband umkleben.
Jetzt kann der Sand von der oberen in die untere Bildhälfte rieseln.

Warum die Katz die Maus nicht fraß

ES WAR EINMAL EIN  , DER SICH
AB UND ZU IN EINE  VERWAN-
DELTE. ALS  HUSCHTE ER
DURCH'S  UND ERSCHRECKTE
DIE  DES BAUERN. DIE BESORGTE
EINE  . DIE SOLLTE DIE 
FANGEN. DIE  MERKTE ABER SO-
FORT, DASS DIE  IN WIRKLICH-
KEIT EIN  WAR. UND WEIL SIE 
GUT LEIDEN KONNTE, FRAGTE SIE:
„MAGST DU EIN STÜCK  ?" „JA,
GERN," SAGTE DER  . DA SPRANG
DIE  AUF DIE 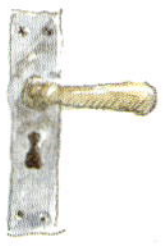 UND ÖFFNETE
DIE  ZUR SPEISEKAMMER.
ALS DIE  HEREINKAM, UM  ZU
HOLEN, WOLLTE SIE IHREN 
NICHT TRAUEN: FRIEDLICH FRASSEN
 UND  VOM  !

Melonenvase

Hast du dir von einem Spaziergang
einen herbstlichen Strauß mitgebracht?
Dann stell ihn doch
in diese
natürliche Vase.

So wird's gemacht

Von einer Melone oder einem Kürbis den Deckel abschneiden.

1

Die Frucht mit einem Suppenlöffel aushöhlen. Das Fruchtfleisch der Melone gleich essen. Das Fruchtfleisch vom Kürbis muß erst zu einem Kompott gekocht werden.

2

In die ausgehöhlte Frucht mit einem dicken Nagel oder Schraubenzieher Löcher bohren. Aber nur in die obere Hälfte, damit man die „Vase“ noch mit Wasser füllen kann.

3

Blumen- oder Blätterstrauß in die „Vase“ stellen, und einzelne Blätter oder Blumen in die Löcher stecken.

4

Orangenlichter

Von Orangen einen Deckel abschneiden. Mit einem Löffel aushöhlen, und aus dem Fruchtfleisch einen Obstsalat machen. In jede Orangenschale ein Teelicht stellen. Im Schnee sieht das besonders schön aus.

Hast du noch deine alte Laterne vom letzten Jahr, oder die Lampions von eurem Gartenfest im Sommer? Dann brauchst du nur noch Buntpapier und Karton.

Und schon kannst du diesen Laternenhasen Langohr nachbauen. Oder gefällt dir die Laterne Gaggerliese besser? Oder du erfindest selbst ein besonderes Fabelwesen!

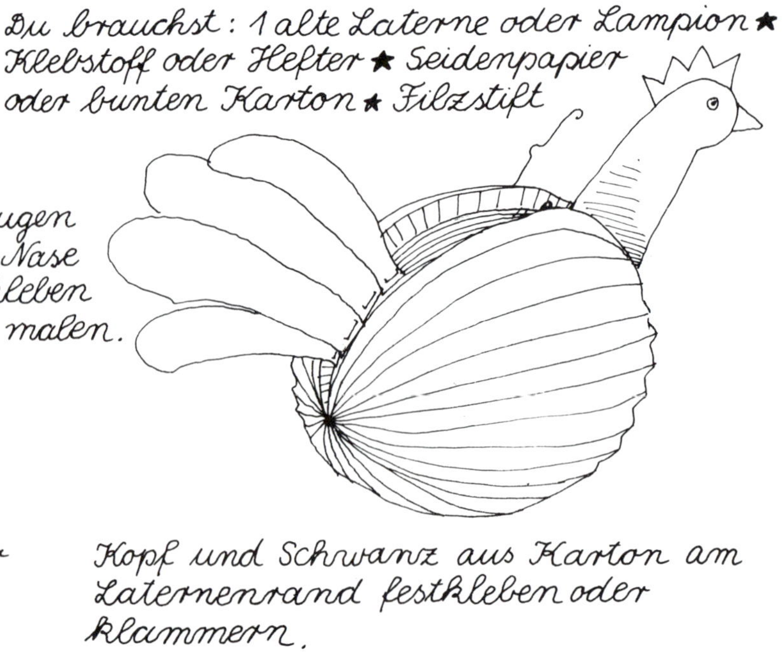

Li-La-Laternenlicht

2.
Drei und vier: Schon steht sie an der Tür
und zieht die warmen Stiefel an, so schnell wie sie nur kann.
Refrain: Laternenlaufen, das ist schön . . .
3.
Fünf, sechs, sieben: Wo ist sie nur geblieben?
Sie will nicht länger warten und rennt schon durch den Garten.
Refrain: Laternenlaufen, das ist schön . . .
4.
Acht, neun, zehn: Jetzt kann sie endlich geh'n.
Und schaust du aus dem Fenster, kannst du die Laternen seh'n.
Refrain: Laternenlaufen, das ist schön . . .

Marzipanmäuschen

(15 Stück)

Zutaten: 250 g Puderzucker, 300 g Marzipan-Rohmasse, 2 Eßlöffel Rosenwasser, 100 g geschälte Mandeln (Maus) und Mandelstifte (Igel), Lakritze und Zuckerperlen; für den Schokoladenguß: 1 Eßlöffel Kokosfett und 150 g Schokolade.

Große Naschkatzen lieben leckere, kleine Mandelmäuschen. Kennst du eine Naschkatze? Dann schenk ihr doch ein Mandelmäuschen.
Wenn du keine geschälten Mandeln bekommst, dann schäle sie selbst. Lege die Mandeln einige Zeit in kochendes Wasser, bis die Schale runzlig aussieht. Dann ist sie weich und du kannst sie leicht abziehen.

1 Puderzucker und Marzipan mit Rosenwasser verkneten.

2 Aus der Masse viele kleine Mäuschen formen.

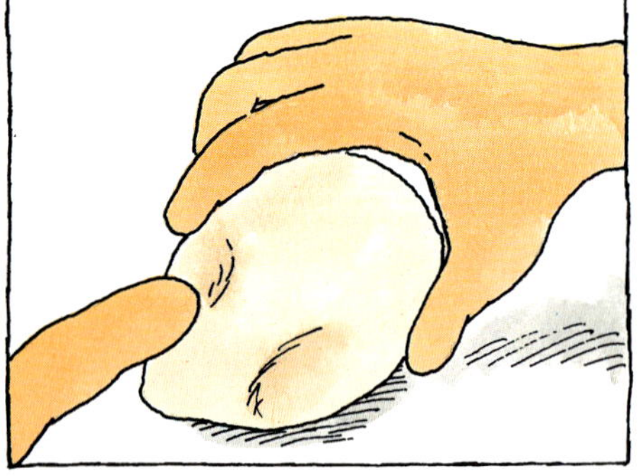

3 Je eine Mandelhälfte als Ohren einsetzen oder Igelstacheln aus Mandelstiften.

4 Zwei Zuckerperlen als Augen andrücken und ein Lakritzstückchen als Schwanz.

5 Wenn du dunkle Figuren willst, tauche sie an einem Holzstäbchen in Schokoladenguß (siehe dazu Seite 20).

Orangenkuchen

Hierzu brauchst du:
175 g Butter oder Margarine
175 g Zucker
2 Päckchen Vanillinzucker
3 Eier, 75 g Mehl, 150 g Mondamin
1/2 Teelöffel Backpulver

Zum Tränken:
5 Eßlöffel ausgepreßten Orangensaft
Für den Guß:
250 g Puderzucker
4–5 Eßlöffel ausgepreßten Orangensaft

Magst du Orangen? Dann mußt du mal diesen Kuchen ausprobieren, denn er schmeckt besonders saftig. Und wenn du Lust hast, kannst du ihn ja mit Marzipanmäusen verzieren.
(Backzeit: 70 Minuten bei 175 Grad)

1 Weiches Fett und alle Backzutaten in eine Schüssel geben.

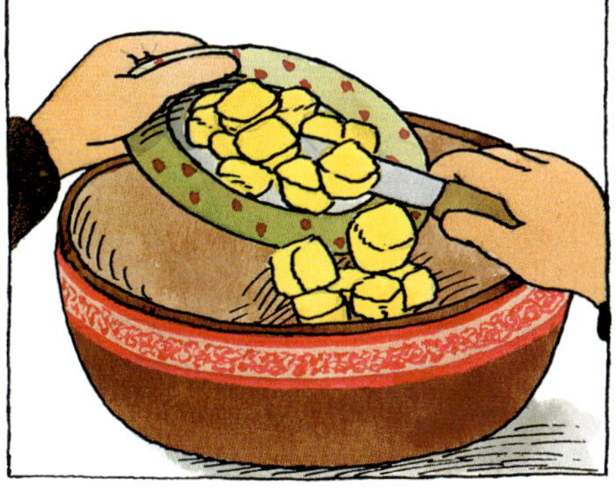

2 Mit dem Handrührgerät alles gut verrühren.

3 Eine Kastenform mit Pergamentpapier auslegen und einfetten.

4 Den Teig einfüllen und backen.

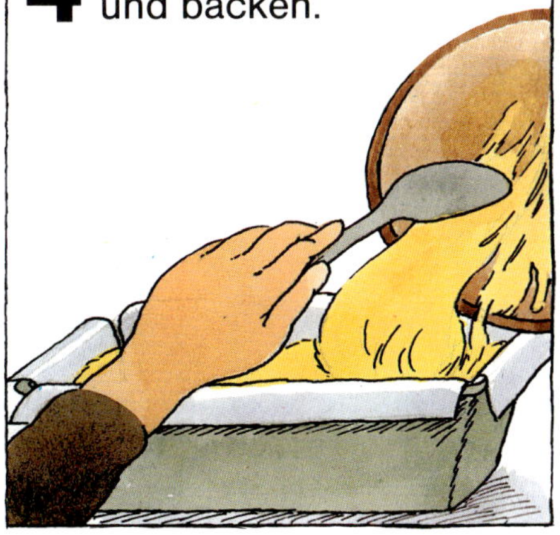

5 In den noch warmen Kuchen mit einem Holzstäbchen Löcher stechen, dann mit Orangensaft beträufeln.

6 Puderzucker und Orangensaft verrühren. Den erkalteten Kuchen mit dem Guß überziehen.

Winter

Der Schneemann

Text und Melodie: Hans Poser

2. Einen blauen Topf
hat er auf dem Kopf,
das ist sein neuer Hut,
und der gefällt ihm gut.

3. Unser Schneemann weint,
wenn die Sonne scheint,
das ist ihm gar nicht recht,
denn das bekommt ihm schlecht.

Die Wetterpropheten

Zwerge sind wetterkundig. Sie können plötzliche Schneefälle und Unwetter vorhersagen und wissen auch, wann die beste Zeit ist, das Feld zu bestellen. Zeigen sie sich fröhlich, so gibt es eine gute Ernte. Sind sie traurig, so ist eine magere Ernte zu erwarten. Wer Zwerge neckt oder sich gegen sie hartherzig und undankbar zeigt, muß sich in acht nehmen. Es steht in ihrer Macht, ein Unwetter herbeizurufen oder alles Hab und Gut mit einem Erdrutsch oder einer Schneelawine zu vernichten.

Zwergenregenbogen

Du brauchst: Filtertüten, wasserlösliche, dicke Filzer, Wasser.

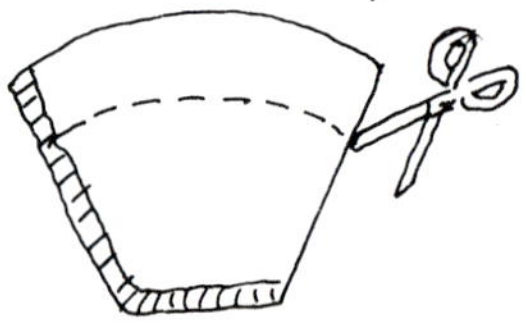

Von einer Filtertüte einen Streifen abschneiden.

Mit wasserlöslichen Filzern dicke Punkte malen in der Reihenfolge: Grün, Gelb, Orange, Rot, Blau. Das Papier kurz in Wasser tauchen, damit die Farbpunkte zu einem Regenbogen auslaufen.

Zwergenschneegestöber

Du brauchst: 1 Schachtel mit Sichtfenster, 1 Strohhalm, Pappe, Wachsmalkreiden, Klebstoff, kleine Styroporkugeln oder zerbröseltes Styropor, 1 Stückchen Mullbinde, Papier.

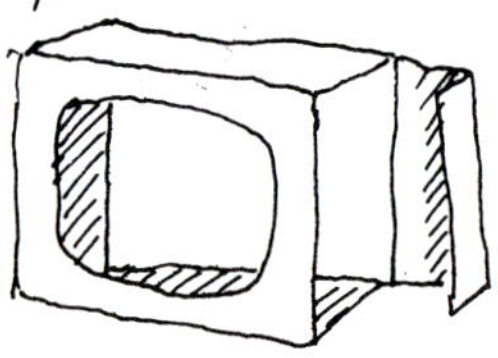

Auf ein Stück Papier eine Landschaft malen und auf den Schachtelboden kleben.

1 oder 2 Zwerge und 1 oder 2 Bäume auf Pappe malen, ausschneiden und unten umknicken. Von unten mit Klebstoff bestreichen.

1 Stückchen doppelte Mullbinde vor den Strohhalm kleben (damit beim Pusten kein Styropor in den Mund kommt) und den Strohhalm durch ein Loch in die Schachtel stecken.

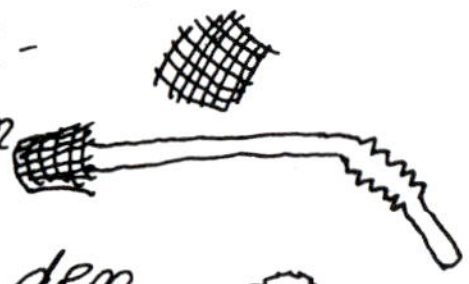

Die Figuren in die Schachtel kleben. Ca. 1 cm hoch Styroporkugeln in die Schachtel füllen und zukleben.

Wenn du jetzt kräftig in den Strohhalm pustest, steht dein Zwerg in dichtem Schneegestöber!

Zwergenfeuchtigkeitsmesser

Du brauchst: 1 Kiefernzapfen, Klebstoff, zwei kleine Brettchen, kleine Nägel, 1 Stecknadel, 1 Strohhalm.

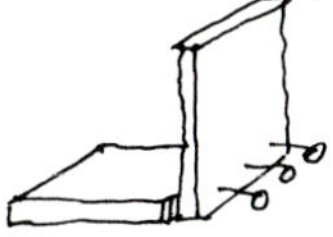

Die Brettchen zusammennageln oder kleben.

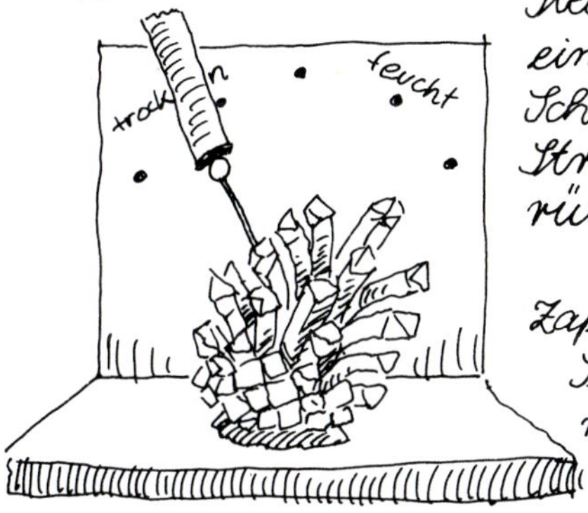

Stecknadel in eine der mittleren Schuppen stecken. Strohhalm darüber schieben.

Zapfen aufkleben. Skala aufzeichnen.

Stell den Feuchtigkeitsmesser regengeschützt nach draußen. Der Strohhalm bewegt sich je nach Wetterlage – wird die Luft feuchter, schließen sich die Kiefernzapfen, um die Samen vor Nässe zu schützen.

Nordpolzwerge

Du brauchst: Knetmasse, Wasser.

Forme ganz kleine Zwerge aus Knetmasse

Stell' sie in die Fächer einer Eiswürfelbox, übergieß' sie mit Wasser und laß' sie im Kühlschrank einfrieren.

Ein Nordpolzwerg möchte immer gern aufgetaut werden. Vielleicht haben deine nächsten Geburtstagsgäste Lust dazu?

Zwergenbauernregeln

Hat ein Zwerg gelogen,
gibt's 'nen Regenbogen.

Schlägt der Blitz im Kirchturm ein,
tanzen Igel, Zwerg und Schwein.

Wird's am hellen Tage Nacht,
hat's bestimmt ein Zwerg gemacht.

Wenn nachts am Feldrand Zwerge stehn,
ist es Zeit, das Korn zu säen.

Zwickt ein Zwerg dir nachts ins Bein,
wird es übermorgen schnein.

Auf dem Christkindlmarkt

An den Nachmittagen im Dezember wird es schon früh dunkel. In den alten Häusern des Marktplatzes werden die Lichter angezündet und die Öfen nachgeschürt. Auch die Verkaufsbüdchen am Markt sind hell erleuchtet, und sacht beginnt es zu schneien.

Das große *Fensterbild* besteht aus zwölf einzelnen Scherenschnitten. Die Motive werden auf schwarzes Tonpapier gezeichnet und am besten mit der Schneidefeder ausgeschnitten. Als Rahmen wird dabei ein fingerbreiter Rand stehengelassen. Erst wenn der Scherenschnitt auf Transparentpapier aufgeklebt ist, bekommt er wieder Halt. Will man einzelne Teile mit farbigem Pergaminpapier hinterlegen, so muß dieses entsprechend zugeschnitten und auf die Rückseite des schwarzen Tonpapieres aufgeklebt werden. Die weißen Schneeflocken sind Löcher, die in das dunkelblaue Transparentpapier des Nachthimmels gestochen wurden.

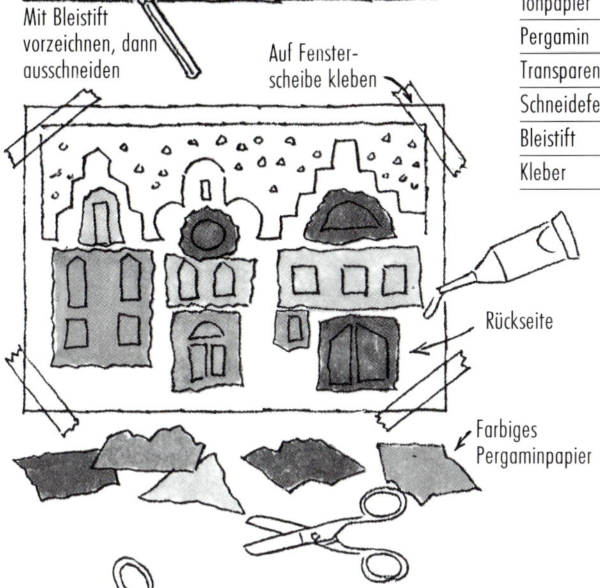

FENSTERBILD

- Tonpapier
- Pergamin
- Transparentpapier
- Schneidefeder
- Bleistift
- Kleber

Unter einem leuchtenden Sternenhimmel tanzen Mädchen mit bunten Lampions einen Reigen. Für die *Rundlaterne* wird ein dunkelblauer Tonpapierstreifen, 70 x 35 cm, sechsmal unterteilt und im Zickzack zusammengefaltet. Dann zeichnet man das Bildmotiv auf die oberste Seite und schneidet den Faltschnitt aus. Der fertige Scherenschnitt wird auf durchsichtiges Transparentpapier geklebt und mit bunten Pergaminpapieren gestaltet. Das Papier wird zur Rundlaterne gebogen und der Kreisboden aus Karton mit seinem Zackenrand hineingeklebt.

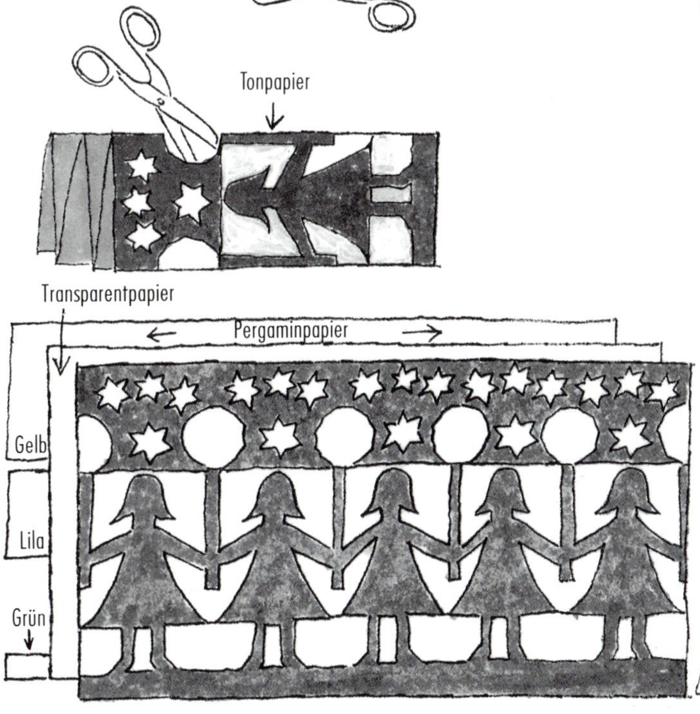

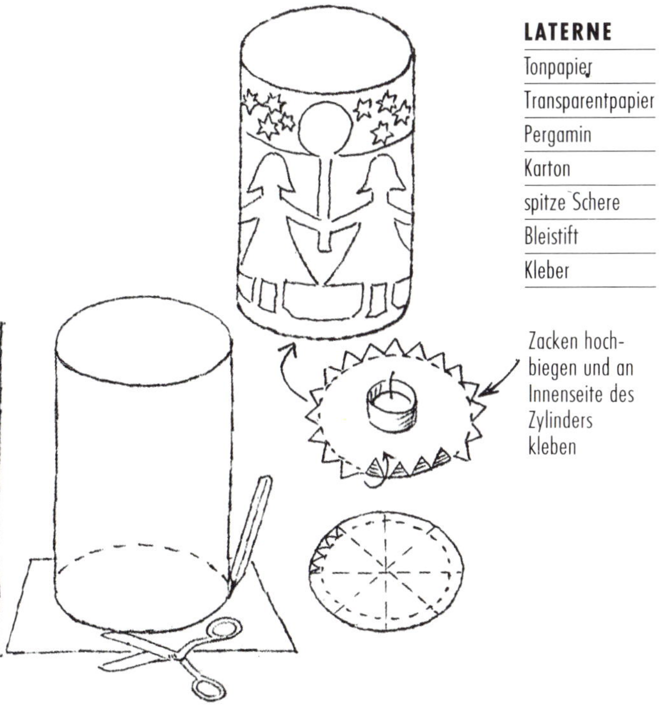

LATERNE

- Tonpapier
- Transparentpapier
- Pergamin
- Karton
- spitze Schere
- Bleistift
- Kleber

Hexentreppenhampel

Du brauchst:

Goldfolie, weißes Transparentpapier, Kreppapier, Schere, kleine weiße Styroporkugeln, Stecknadeln mit roten Köpfen, Nadel und Faden, Klebstoff

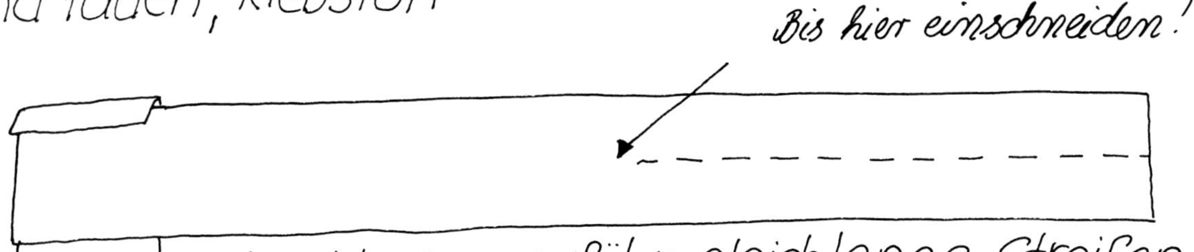

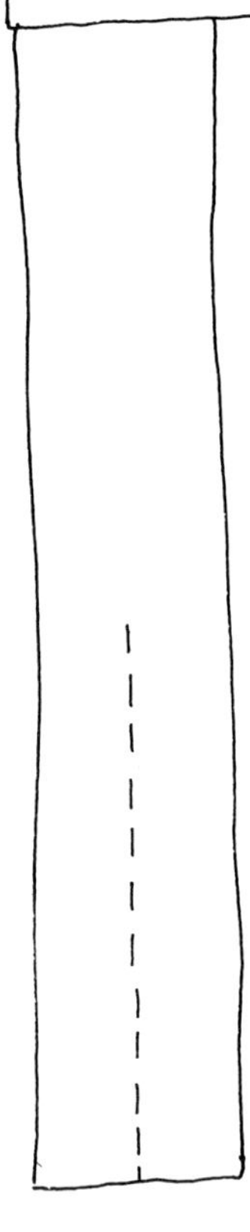

Schneide 2 ungefähr gleichlange Streifen Goldpapier zu und falte sie abwechselnd übereinander, bis du bei den eingeschnittenen Stellen angekommen bist. Von da aus faltest du so weiter.

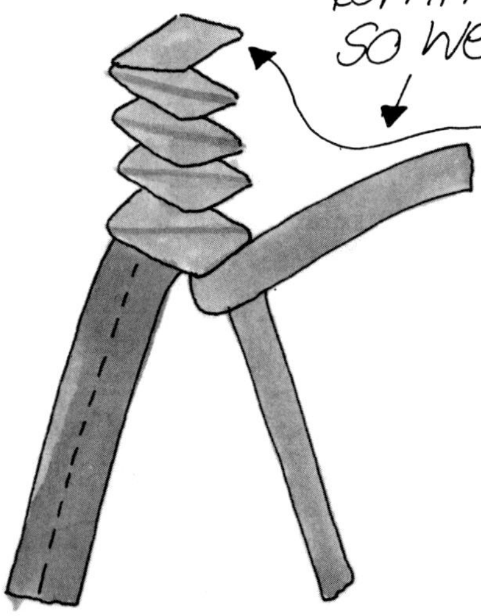

Die Arme faltest du extra und klebst sie oben fest.

Aus Goldfolie schneidest du einen Halbkreis aus und formst daraus ein Hütchen.

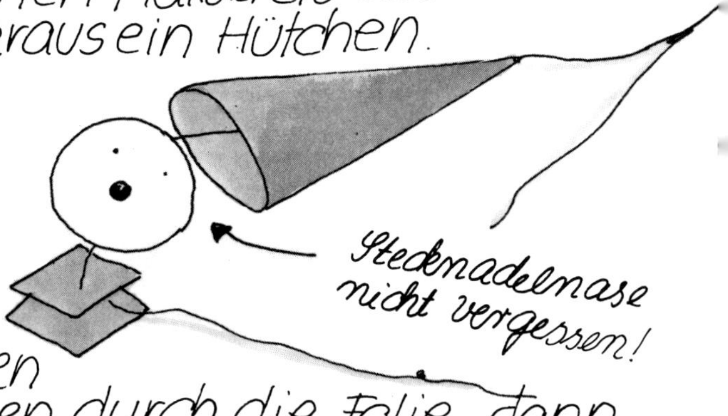

Mit Nadel und Faden stichst du zuerst oben durch die Folie, dann durch die Styroporkugel, dann durch das Hütchen.

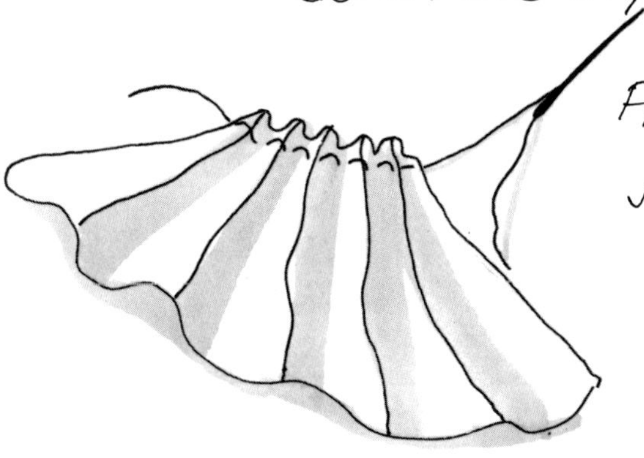

Aus weißem Kreppapier nähst du jedem Hampel eine Halskrause. Die Engel bekommen ein Kleid aus gefalteter Folie und Flügel aus Transparentpapier.

Mäusehandschuhe

Damit du die Mäusehandschuhe von der rechten Seite → nachstricken kannst, baust du dir zuerst einmal eine Strickliesel.

Dazu brauchst du:

1 Stück Versandrolle (ungefähr 7 cm Durchmesser), Klebestreifen, 14 Nägel (ungefähr 6 cm lang und mit großen Köpfen), Wolle, eine Schere, Stricknadel und Stift.

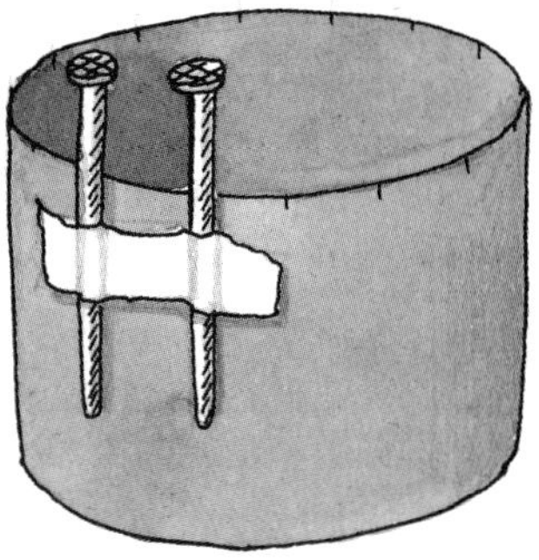

Du zeichnest 14 Striche in gleichen Abständen rund um den Rand. Dann klebst du nacheinander die Nägel so fest, daß sie oben überstehen. Sind alle Nägel festgeklebt, umwickelst du alle noch einmal fest mit Wolle. Laß den Anfang des Fadens überstehen, dann kannst du Anfang und Ende verknoten. ★ Du kannst auch ganz große Teile stricken, auf einer ganz großen Papprolle

So wird gestrickt:

1. Umwickele die Nägel der Reihe nach mit Wolle. Nimm dazu das Knäuel, mit dem du später weiterstricken möchtest.

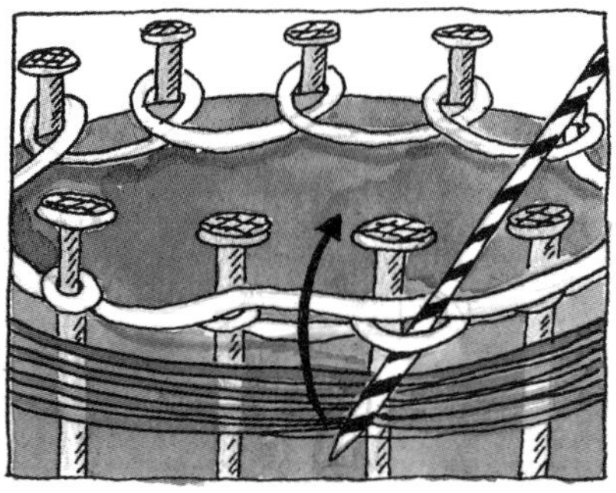

2. Wenn alle Nägel umwickelt sind, führst du den Faden immer außen an der Rolle entlang. Mit einer dünnen Stricknadel hebst du die Maschen an, hebst sie über den Faden und führst sie über die Nagelköpfe nach hinten. So strickst du immer im Kreis herum. Halte den Faden dabei schön locker, sonst werden die Maschen zu fest.

Willst du den Strickschlauch beenden, ziehst du das Ende des Fadens der Reihe nach durch jede Masche durch.

Bei der Maus werden die letzten 3 Runden in Rosa gestrickt und mit einem Faden ganz fest zusammengezogen.

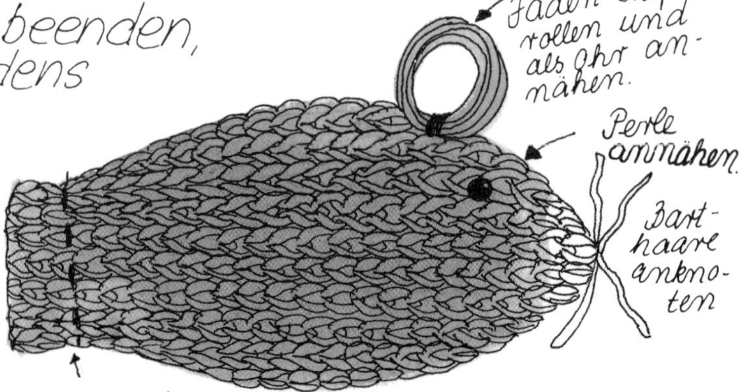

Zauberring

Alfred ist allein zu Hause. Es regnet, die Tropfen prasseln an die Scheiben. Weil es bereits dämmert, macht Alfred das Licht an. Er kuschelt sich in den großen Sessel und will lesen. Da fällt sein Blick auf das Foto seines Großvaters, und er erinnert sich, daß sein Vater einmal erzählt hat, der Opa sei ein berühmter Zauberer gewesen. Schade, daß der Opa nicht mehr lebt, er hätte ihm bestimmt tolle Tricks zeigen können. Auf einmal erinnert er sich an Opas großen, alten Koffer, der auf dem Speicher steht. Vielleicht verbirgt sich in dem Koffer ein Geheimnis?
Er steigt die Treppe zum Speicher hinauf, öffnet die knarrende Tür und knipst das Licht an.
Da steht der Koffer, in der hintersten Ecke! Alfred ist es ein bißchen unheimlich. Schnell rennt er zum Koffer und öffnet ihn. Und siehe da, der Koffer ist voll von alten Zauberbüchern und rätselhaften Zaubergeräten. Alfred ist begeistert.
Gleich am nächsten Tag überrascht er Andreas und Nina mit seinem neuesten Trick.
Die Freunde müssen sich im Halbkreis um ihn stellen. Dann nimmt er einen Ring und ein Seil, läßt es überprüfen und knüpft den Ring an das Seil. Je ein Seilende gibt er Nina und Andreas zum Festhalten. Jetzt legt Alfred ein Tuch über Ring und Seil und greift unter das Tuch. Beschwörend spricht er einen Zauberspruch, und… der Ring ist wieder frei. Nina und Andreas wundern sich sehr, denn sie haben immer noch die Seilenden in den Händen.

Ring und Schnur sind fest verbunden,
doch der Zauber ist gefunden:
Dunkle Nacht und Eulenschrei,
Geisterhände kommt herbei,
macht den Ring mir wieder frei!

Du brauchst:
einen großen Ring von 10 cm oder 20 cm Durchmesser,
1 Seil von etwa 1 m Länge,
1 undurchsichtiges Tuch

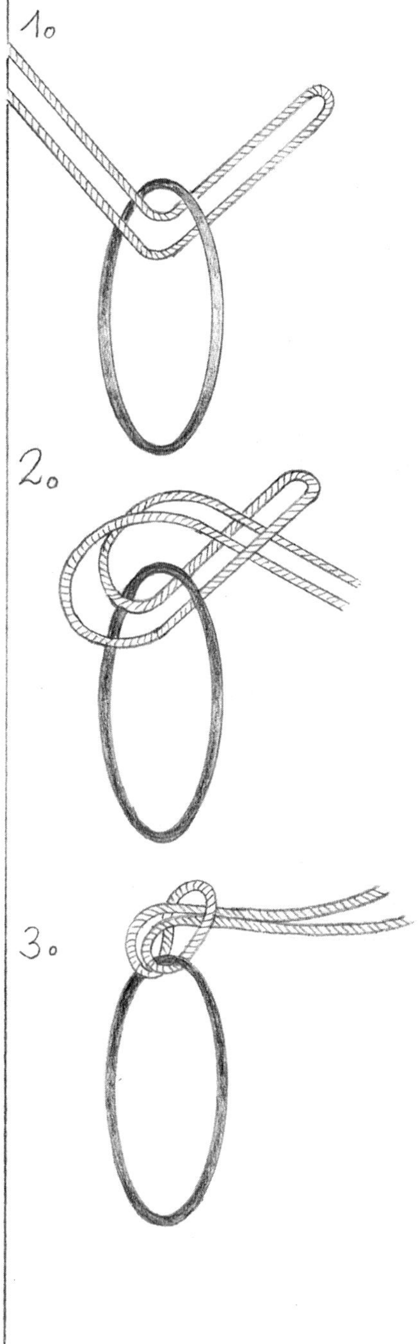

So knüpft man den Ring an das Seil.

Zu diesem Trick brauchst du keine Vorbereitungen zu treffen.
Laß Ring und Seil von einem Zuschauer untersuchen.
Befestige dann den Ring an dem Seil.

Zeige den Zuschauern das Seil mit dem eingeknüpften Ring. Bitte zwei Zuschauer, jeweils ein Seilende in die Hand zu nehmen. SO WIRD DER TRICK GEZEIGT:

Lege ein Tuch über den Ring und löse unter Beschwören der Zaubergeister und dem ZAUBERSPRUCH den Ring vom Seil.

Dazu wird die Schlaufe gelockert und in Richtung der Pfeile über den Ring gezogen.

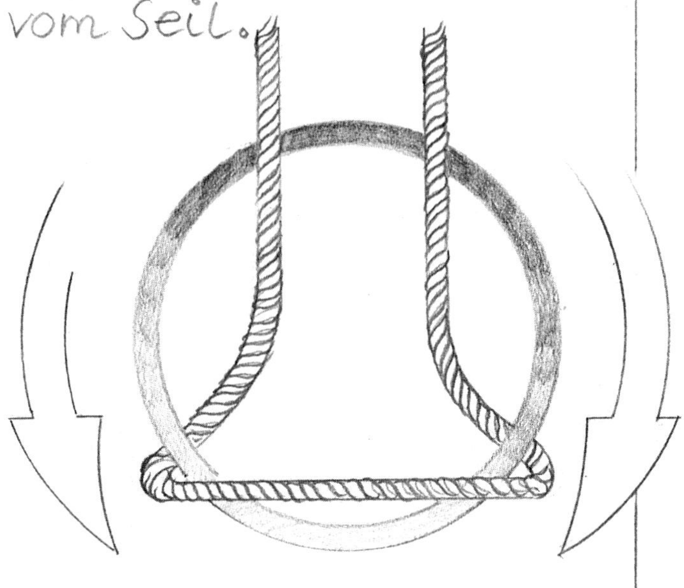

Umgekehrt kannst du auch unter dem Tuch den Ring wieder an das Seil knüpfen!

Heute backen wir

Kokosberge

Für 50 Stück brauchst du:

Die Kokosberge werden mit zwei Teelöffeln geformt. Mit einem Löffel nimmst du dir etwas Teig, mit dem andern schiebst du den Teig vom Löffel auf das Backblech. (Backzeit: 25 Minuten bei 150 Grad)

1 Eiweiß vom Eigelb trennen.

2 Eiweiß zu steifem Schnee schlagen.

3 Nach und nach Zucker und Bittermandelöl unterrühren.

4 Die Kokosraspeln vorsichtig unter den Eischnee heben.

5 Kleine Häufchen auf das Backblech setzen. Nach dem Backen die Kokosberge auf einem Teller abkühlen lassen.

(70 Stück)

Vanillekipferl

Du brauchst dafür:
200 g Mehl, 50 g Mondamin, 100 g Puderzucker, 2 Päckchen Vanillinzucker, 2 Eigelb, 200 g Butter oder Margarine, 100 g gemahlene Mandeln, zum Bestäuben etwas Puderzucker.

Vanillekipferl sind eine Spezialität aus Österreich. Es ist fast eine kleine Kunst, sie zu formen. Du darfst dabei nicht zu warme Hände haben, sonst klebt der Teig an den Fingern fest. Darum wasche die Hände zwischendurch mit kaltem Wasser ab. (Backzeit: 10 Minuten bei 200 Grad)

1 Mehl, Mondamin, Puderzucker und Vanillinzucker auf den Tisch schütten, in die Mitte 2 Eigelb geben.

2 Das Fett in Stücke schneiden und auf die Zutaten legen, alles mit dem Messer zerhacken.

3 Die Mandeln darüber schütten, dann alles schnell verkneten.

4 Aus kleinen Teigstückchen Vanillekipferl formen und auf ein gefettetes Blech legen.

5 Im Ofen backen und danach auf einem Backrost auskühlen lassen.

6 Zum Schluß die Vanillekipferl mit Puderzucker bestäuben.

Auch Zimmerpflanzen halten Winterschlaf

Von den Pflanzen draußen in der Natur weißt du, daß sie im Winter eine Ruhepause einlegen, ihre Blätter verlieren oder sogar, wie die Stauden, oberhalb der Erde ganz welken. Im Frühjahr, wenn es wieder heller und wärmer wird, beginnen sie dann aufs neue zu wachsen – bis zum Herbst.
So eine Ruhezeit brauchen auch die meisten Pflanzen auf der Fensterbank, um Kräfte für das nächste Jahr, fürs neue Wachsen und Blühen zu sammeln. Gönnt man ihnen diese Ruhepause nicht, halten sie das zwar einige Jahre durch, irgendwann aber gehen sie ein. In dieser Ruhezeit darfst du die Pflanzen nicht zum Wachsen ermuntern. Du mußt deshalb weniger gießen und darfst gar nicht düngen. Noch wichtiger ist es, daß die Pflanzen in dieser Zeit kühl stehen. Ideal für die meisten ist eine Temperatur um 15 Grad Celsius, also ein Platz

im weniger geheizten Schlafzimmer oder im hellen, aber zugfreien Treppenhaus.
Manchen reicht es auch schon, wenn nachts die Heizung gedrosselt wird.
Schwierig ist es bei solchen Pflanzen, die nur bei 4–7 Grad, also ganz kühl, überwintern sollen. Nur wenige Balkonblumen wie Geranie, Fuchsie und die Knollen der Begonie können in einem dunkleren Keller stehen. Für die anderen wie Agave, Glockenblume, Myrte, Palme, Yucca mußt du

irgendwo einen kühlen, aber hellen Platz finden. Manche Pflanzen wie ein Rosen-

bäumchen, einen Bambus oder einen Knöterich im Kübel läßt du am besten den Winter über auf dem Balkon. Du mußt sie aber gut verpacken, damit sie nicht erfrieren. Schiebe zuerst ein Stück Styropor oder Teppichboden unter den Kübel, damit die Pflanzen keine kalten Füße kriegen. Dann wickelst du rings um den Kübel viele Lagen Zeitungspapier oder Styroportapete. Mit Band wird es zusammengehalten. Wenn du oben auf die Erde eine dicke Schicht Torf packst, kann in einem normalkalten Winter nichts mehr passieren.
Du kannst auch versuchen, Frühlingsblumen schon zu Weihnachten blühen zu lassen. Das geht am einfachsten mit Tazettennarzissen und mit Hyazinthenzwiebeln. Die brauchst du nämlich nur auf ein Glas oder eine Schale mit Wasser zu setzen.

EXPERIMENT

Klappliederbuch

Zwischen den Seiten dieses kleinen Liederbuches ist was los! Da läuft eine Katze mit weißen Stiefeln über Schneehügel.
Nebenan tanzt eine Zirkusprinzessin. Eine Seite weiter feiern die Vögel im grünen Wald Hochzeit.

Mehrere Lieder lassen sich zu einem Büchlein zusammenbinden. Jedes einzelne Lied ist ein kleines Papiertheater, das zusammengefaltet oder aufgeklappt werden kann.

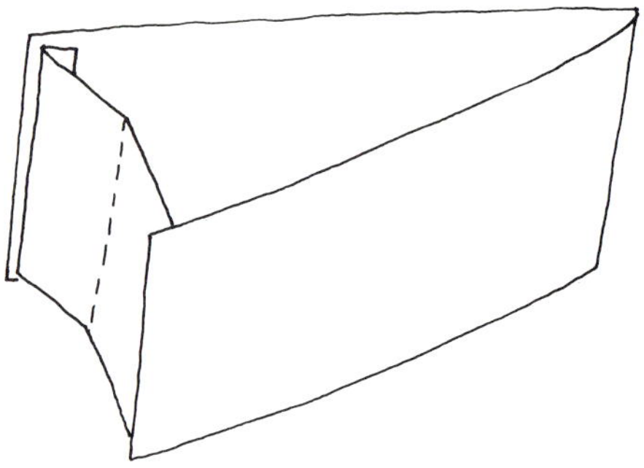

Für das Lied „ABC die Katze lief im Schnee" brauchst du:
Dünnen, weißen Karton, Zeichenpapier, farbiges Tonpapier, Filzstifte, Schere, Kleber.

Falte ein rechteckiges Stück dünnen Karton in der Mitte.
Nun brauchst du einen Streifen farbiges Papier, in der Breite zum Kartonstreifen passend, jedoch nur halb so lang. In der Mitte falzen und vom Falz her ein Fenster ausschneiden. An beiden Enden einen schmalen Steg umbiegen und an dem Karton festkleben. Es fehlen noch Kulissen und Schauspieler!
Die Katze malst du und klebst sie auf einen weißen Streifen Papier. Nun kannst du von oben die Katze bewegen oder im Takt des Liedes über die Schneehügel tanzen lassen.

aus einem Liederbuch um 1862

Eine Burg aus Pappschachteln

Du brauchst:

Pappschachteln in verschiedenen Größen, leere Klo- und Haushaltsrollen, Silberpapier, glitzerndes Bonbonpapier, 2 Christbaumkugeln, Klebstoff, eine feste Pappunterlage, ein Papiermesser, Silberspray.

1. Du nimmst die Pappunterlage und klebst darauf alle Schachteln so über- und nebeneinander, daß sich die Schachteln noch öffnen lassen.
2. Dort, wo sich die Schachteln nicht öffnen lassen, schneidest du mit dem Papiermesser Türen und Fenster hinein, die sich aufklappen lassen.
3. Ist die Burg soweit fertig, sprühst du sie von allen Seiten mit Silberspray ein.
4. Während die Burg trocknet, schneidest du die spitzen Türme aus Silberpapier zurecht.

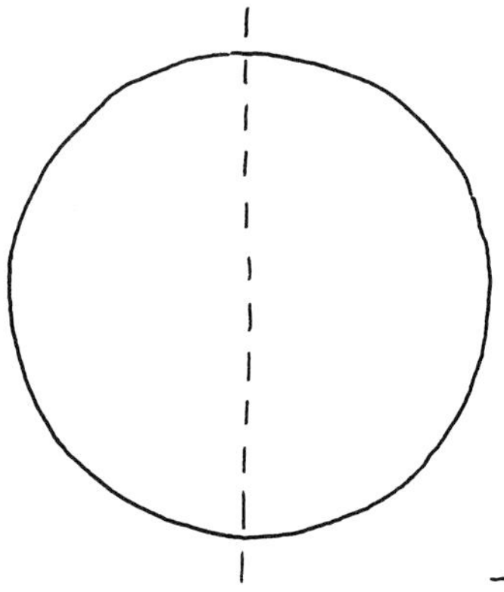

Am besten schneidest du einen großen Kreis aus, schneidest ihn in der Mitte durch und rollst die Halbkreise jeweils zu einem spitzen Hut zusammen, klebst die Kanten fest und klebst dann die beiden Turmspitzen auf den Haushaltsrollen fest.

Zum Schluß beklebst du die Burg an manchen Stellen mit glitzerndem Papier. Und dann läßt du die Burg über Nacht vor deinem Zimmer stehen. Vielleicht füllt sie jemand mit geheimnisvollen Sachen.

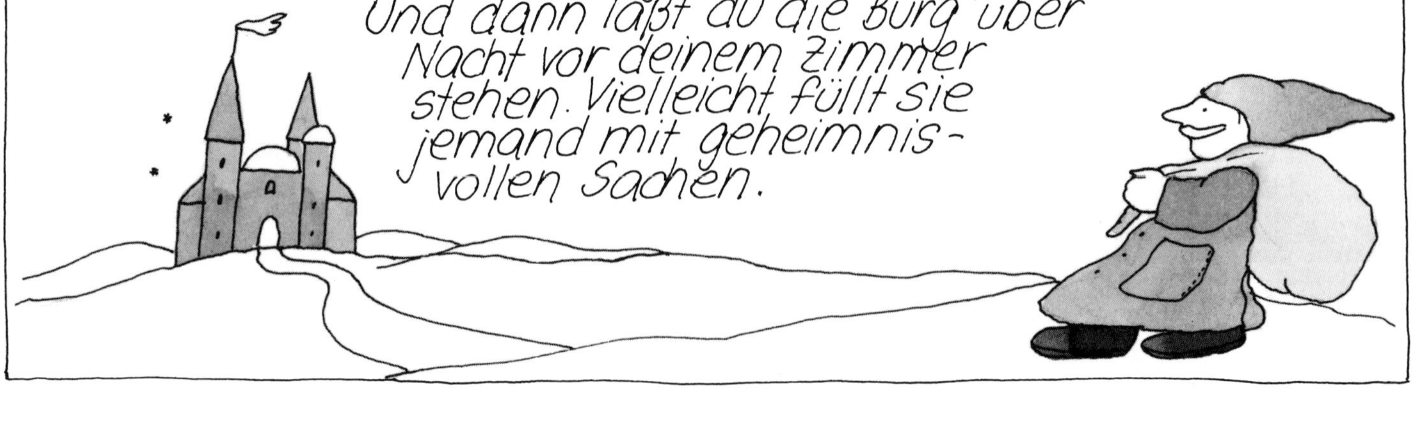

Duftkugeln

1. Knülle Zeitungspapier locker zu einem Knäuel zusammen.

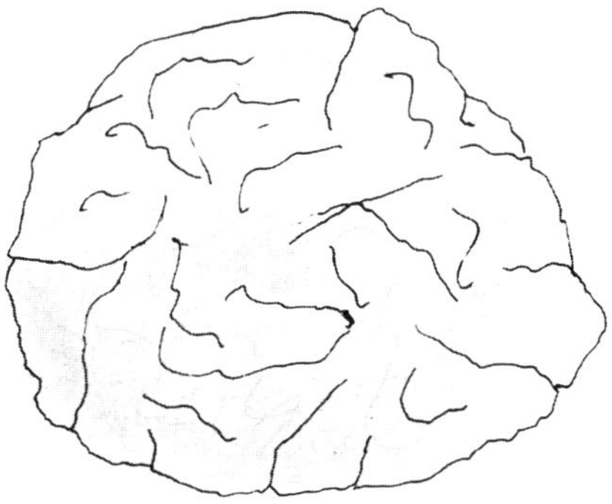

2. Nimm ein Stückchen Ton, drücke es auf dem Tisch flach und lege es um das Papierknäuel, bis das Knäuel ganz umhüllt ist.

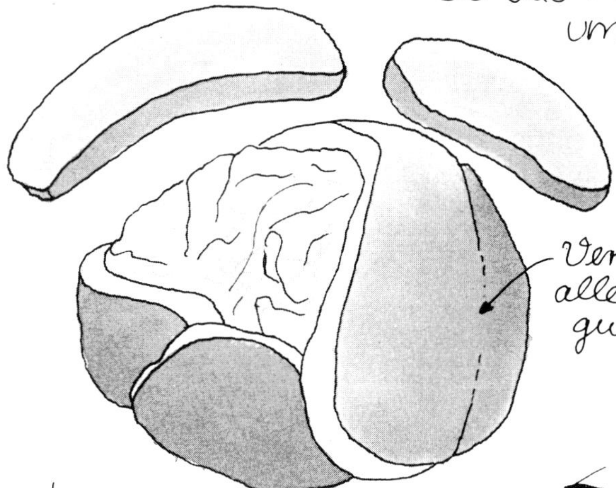

3. Laß die Tonkugel etwas antrocknen.

4. Dann bohre auf einer Seite zwei Löcher, hier wird später ein Band zum Aufhängen durchgezogen. Stich mit einem Holzstäbchen weitere Luftlöcher in den oberen Teil der Kugel.

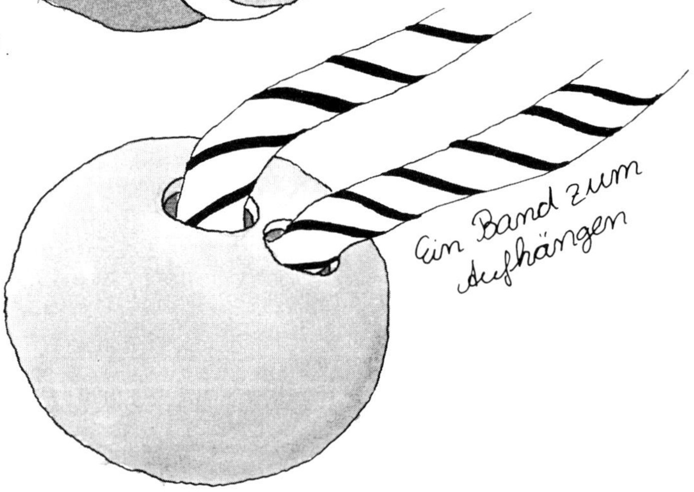

7. Schneide in die Unterseite eine Öffnung ein und ziehe das Papier wieder heraus.

6. Ritze oder drücke Muster in den Ton.

7. Wenn die Kugel ganz trocken ist, male sie mit Wasserfarben an und lackiere sie.

8. Was riechst du besonders gern? Gewürznelken oder Rosenblätter? Fülle sie in deine Duftkugel hinein.

Weiß

Weiß ist genau das Gegenteil von Schwarz. Weiß ist schön hell! Wenn ich aber mit Weiß auf Weiß male, kann man nicht mehr viel erkennen. Da muß man schon auf einem anderen Untergrund malen. Deshalb hat Lisa es erst einmal mit schwarzem Papier ausprobiert. Darauf hat sie mit einem weißen Buntstift gezeichnet – wie auf einer Tafel. Aber Lisa wollte ein richtiges Bild malen und suchte nach einem anderen Untergrund. Vielleicht geht es besser mit Blau? Mit einem dicken Borstenpinsel und ganz unterschiedlichen blauen Deckfarben hat Lisa gleich mehrere Blätter als Untergrund gemalt. Dann wickelte sie einen Mallappen um ihren Finger, tauchte ihn in weiße Farbe und hat einen Schneemann und viele Schneeflocken getupft. Einen zweiten Schneemann malte Lisa dann mit weißer Kreide. Und einen dritten Schneemann wollte sie auch noch haben. Den riß Lisa aus weißem Papier aus und klebte ihn auf.

Hier sind die drei Schneemänner, und jeder sieht anders aus!
Mit Weiß kann man noch viel mehr malen, zum Beispiel ein Schiff mit weißen Segeln oder einen Schwan.
Lisa möchte gerne auch noch einen anderen Untergrund probieren.
Vielleicht Grün?

Hier sind die verschiedenen Versuche von meinen Schneemännern!

Honigkuchenhäuser

Du brauchst:

2 Honigkuchen (die gibt es im Stück zu kaufen), Schokoladentaler, eine dicke Pappe, 1 Brett, 1 Messer, 1 Pinsel. Für den Zuckerguß brauchst du 2 bis 3 Eiweiß und Puderzucker und zum Verzieren einige Süßigkeiten, die du gerne magst.

1. Den Honigkuchen schneidest du auf einem Holzbrett in dicke Scheiben.
2. In einer Schale rührst du Eiweiß und Puderzucker zu einem dicken Brei an.
3. Du nimmst die dicke Pappe und streichst dort, wo das erste Haus stehen soll, den Untergrund dick mit dem Zuckerbrei ein. Mit einem breiten Pinsel geht das am besten.

Und so baust du die kleinen Häuschen:

2 dicke Scheiben Honigkuchen = Seitenwände
2 halbe Scheiben = Vorder- und Rückseite
noch 2 dicke Scheiben = Dach
2 Dreiecke = Dachgiebel
und ein schmales Rechteck
werden an den Kanten dick mit Zuckerguß eingepinselt und zu einem Häuschen zusammengesetzt.

Nach dieser Art kannst du alle Häuser bauen, aber du kannst sie auch größer, kleiner oder höher bauen.
Wenn du alle Häuser auf der Pappe angeordnet hast, streichst du den restlichen Pappboden mit Zuckerbrei ein und klebst Schokoladentaler als Pflastersteine auf.
Den restlichen Brei gießt du über die Häuser.
Zum Schluß verzierst du das Dorf mit Süßigkeiten und läßt über alles noch etwas Puderzucker schneien.

Überraschungssterne

24 Sterne hängen in der Adventszeit im Zimmer. Jeden Tag darf ein Stern geöffnet werden, sein Inhalt versüßt die Zeit des Wartens auf das Weihnachtsfest. Die *Sterne* werden aus zwei Scheiben gelben Tonpapiers geschnitten und zusammengeklebt. Eine Zacke muß offenbleiben. Durch diese Öffnung kann der Stern mit kleinen Überraschungen gefüllt werden.

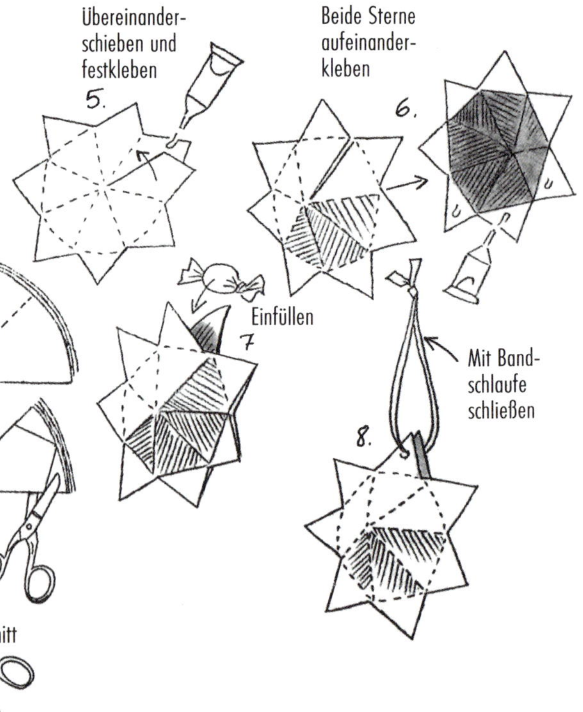

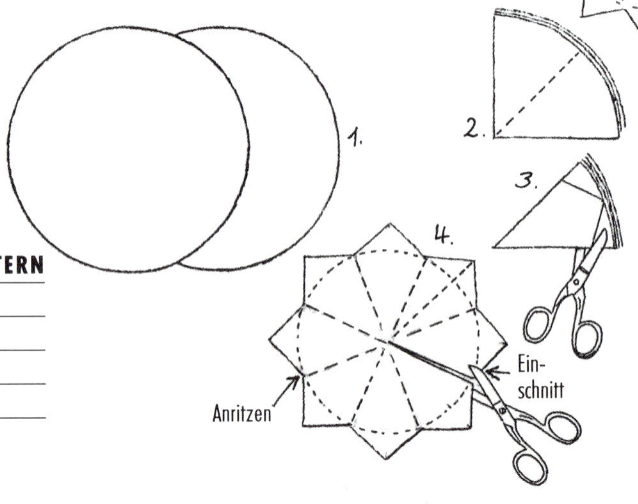

ÜBERRASCHUNGSSTERN

Tonpapier
Schere
Kleber
Bändchen

Der *Flechtstern* aus Papierstreifen wird auch „Fröbelstern“ genannt. Friedrich Fröbel war ein Pädagoge, der Mitte des 19. Jahrhunderts lebte. Er erfand Spiel- und Beschäftigungsmittel zur Förderung der Entwicklung der Kinder.
Für den Stern bereitet man vier 2 cm breite und 50 cm lange Papierstreifen vor. Sie werden der Länge nach in der Mitte zusammengefaltet. Wie es weitergeht, das ist mit Zeichnungen am besten zu erklären.

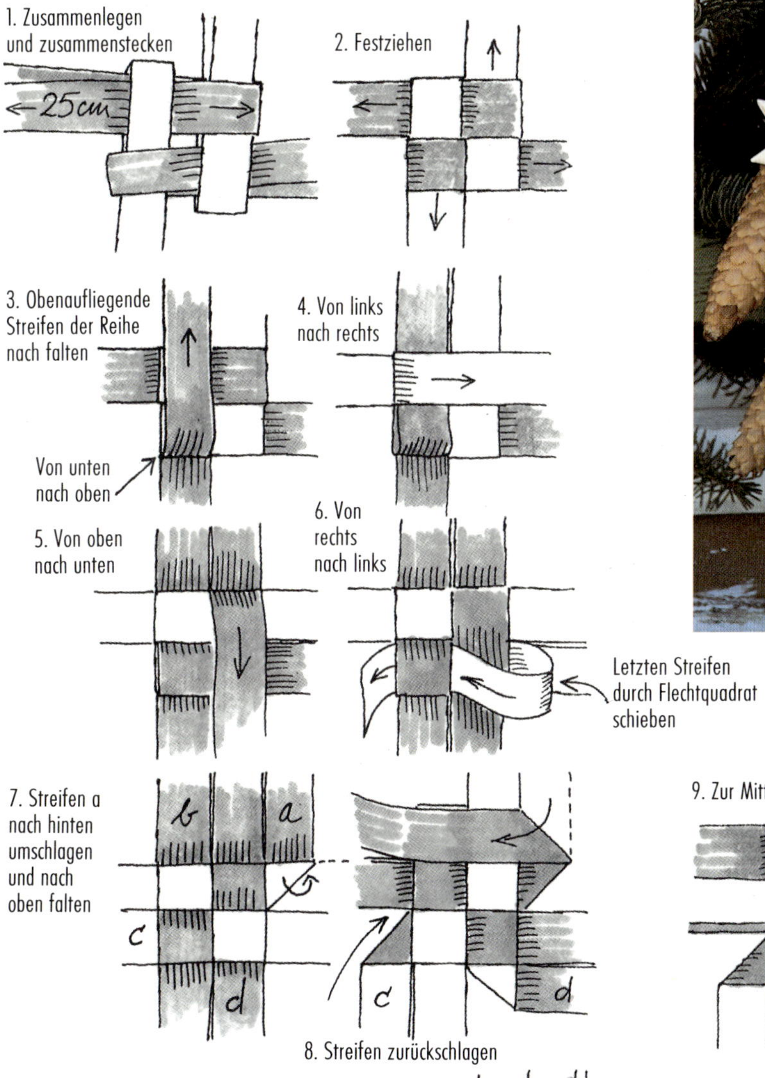

FLECHTSTERN

Papierstreifen

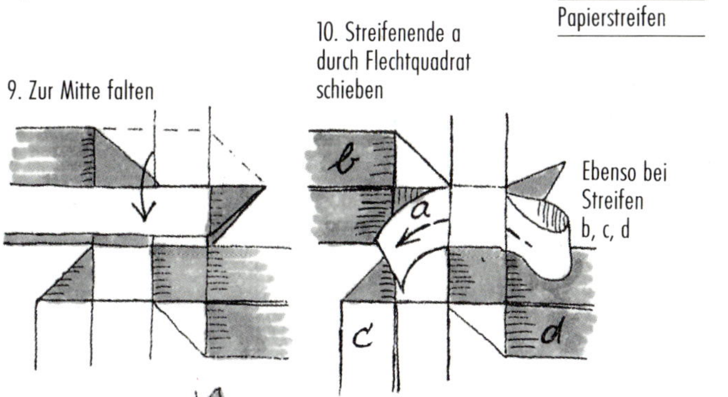

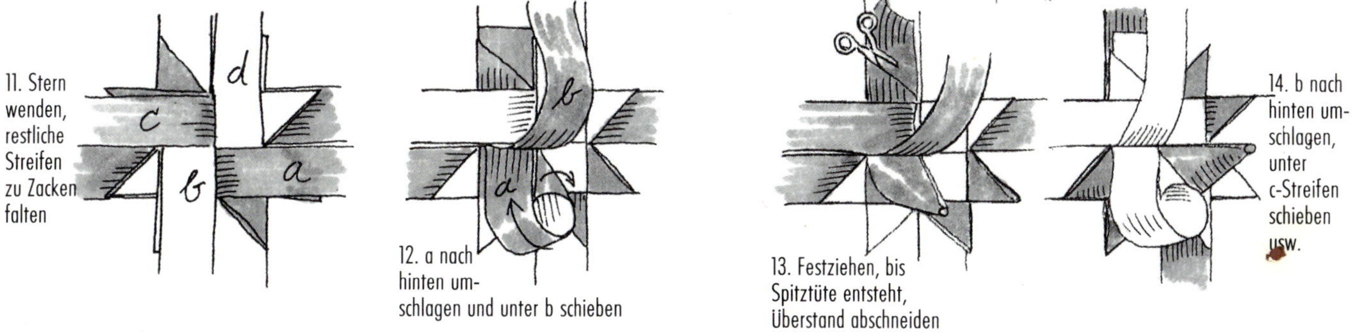

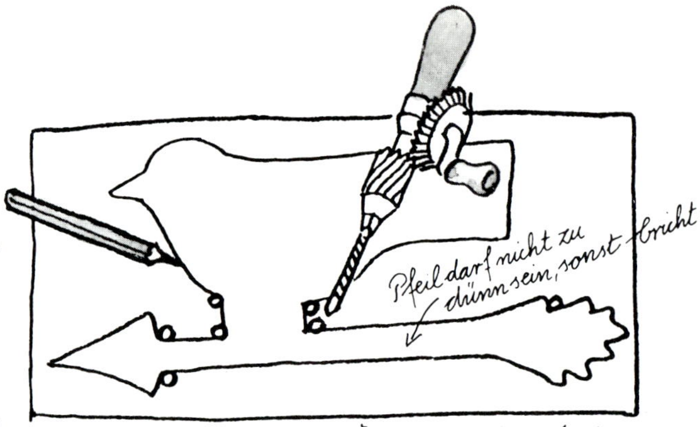

1. Zeichne deinen Windvogel auf das Brett und bohre an allen Stellen ein Loch, wo es scharf um die Kurve geht (siehe Seite 62); so geht das Sägen leichter.

2. Säge den Vogel aus und runde die Kanten mit einer Feile ab.

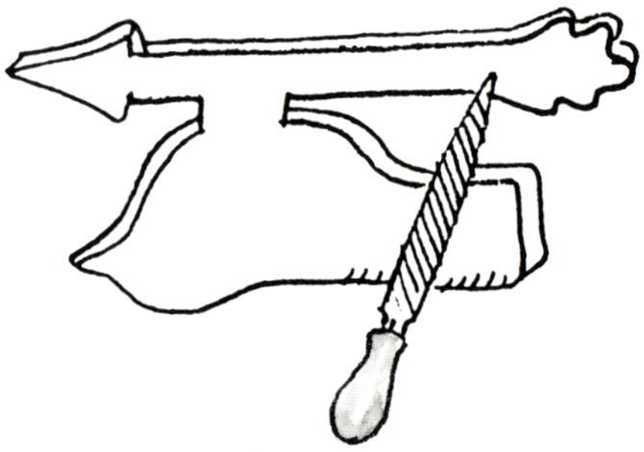

3. Suche die Stelle für den Drehpunkt:

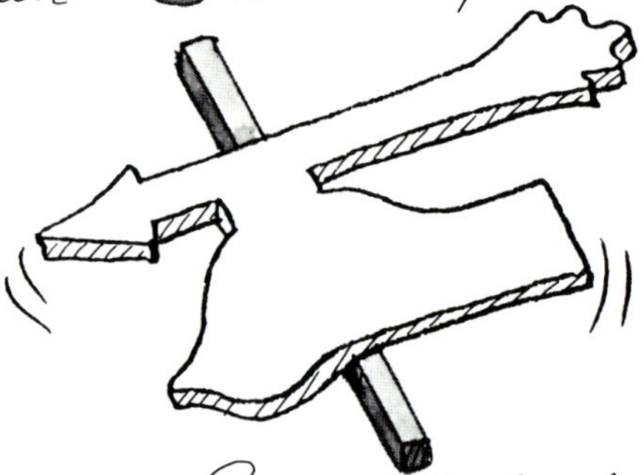

Lege den Vogel auf eine Leiste und schiebe ihn so lange hin und her, bis er nicht mehr kippt.

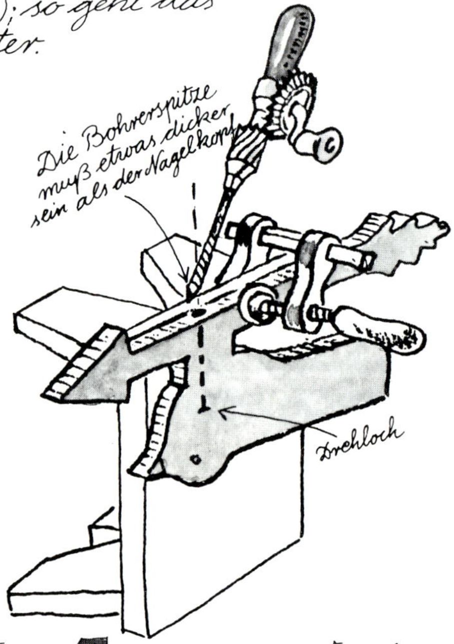

4. Halte den Vogel mit einer Zwinge fest und bohre das Drehloch.

5. Mit farbigen Lacken kannst du den Vogel wetterfest machen.

6. Klopfe einen Nagel in den Haltestab. Bevor du aber den Vogel daraufsetzt, stecke eine kleine Perle in das Loch.

Schneehaubenlerche

Sie ist kein Zugvogel und fliegt im Herbst nicht fort. Auch im Winter bleibt sie auf ihrer Stange sitzen und zeigt, woher der Wind weht.

(70 Stück)

Schneeflöckchen

Diese Plätzchen sind besonders schnell fertig.
Sie heißen Schneeflöckchen, weil sie so leicht sind und auf der Zunge zergehen, genau wie echte Schneeflocken.
(Backzeit: 15 Minuten bei 175 Grad)

1 Alle Zutaten in eine Schüssel geben.

2 Alles schnell durchkneten. Den Teig kurze Zeit kalt stellen.

3 Den Teig zu einer Rolle formen und kleine Stücke abschneiden.

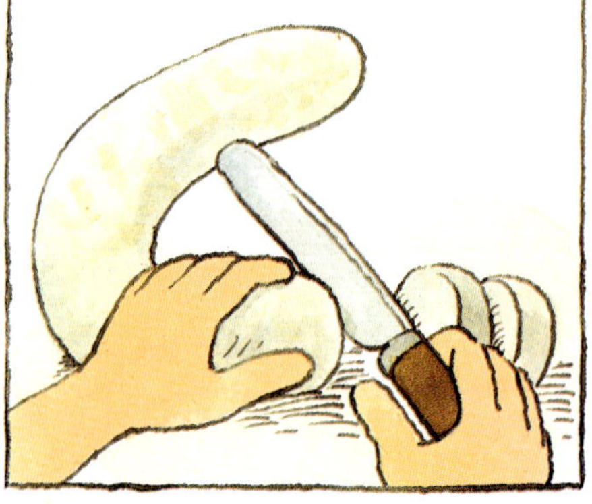

4 Mit der Gabel Muster hineindrücken.

5 Plätzchen auf ein bemehltes Backblech legen und backen.

(30 Stück)

Schokoknusperchen

Du brauchst nur 2 Eßlöffel (25 g) Kokosfett, 200 g Schokolade oder Schokoladenreste und 4 Tassen Cornflakes.

Diese Schokoknusperchen kann man ganz einfach zubereiten. Viel schwieriger wird es sein zu warten, bis sie getrocknet sind.
Du kannst sie auch verschenken.
Am schönsten sieht es aus, wenn du sie in ein hübsches Glas füllst.
Das gibt eine süße Überraschung!

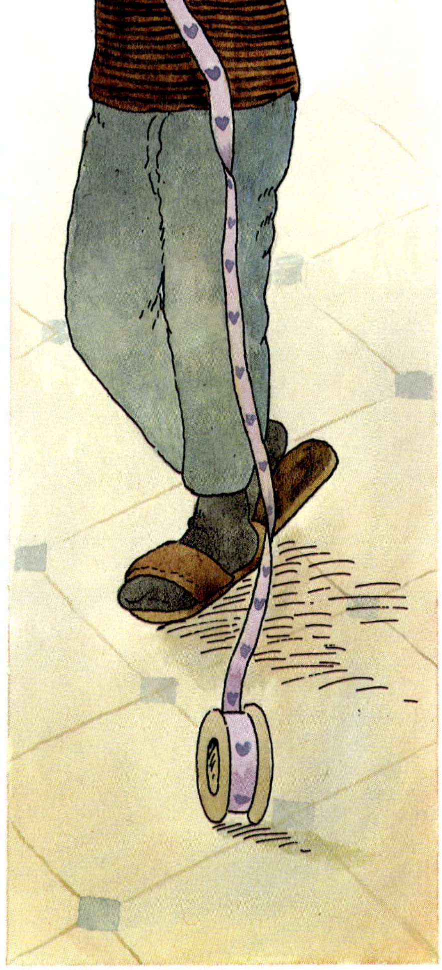

1 Kokosfett bei schwacher Hitze schmelzen, Schokoladestückchen dazugeben und verrühren.

2 Cornflakes in eine Schüssel geben.

3 Die heiße Schokolade über die Cornflakes gießen und gut durchrühren.

4 Mit zwei Teelöffeln kleine Häufchen formen, auf einen Teller setzen und 30 Minuten kalt stellen.

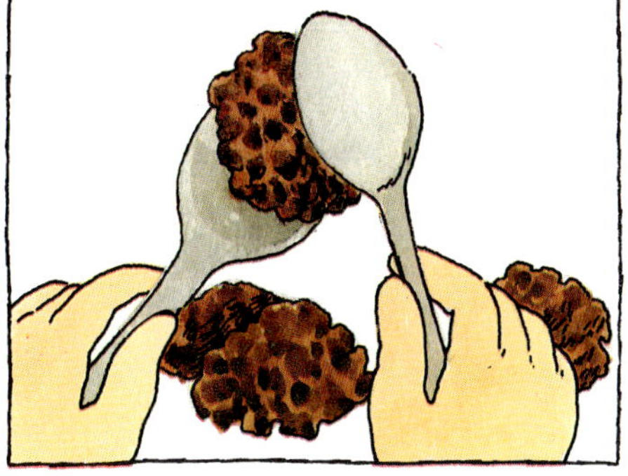

Räuchermännchen

Du brauchst:
einen Klumpen Ton aus dem Bastelgeschäft, eine Plastikunterlage, 1 Messer, 1 Schälchen Wasser, 1 Nagel mit dickem Kopf, 1 Eierlöffel

Du schneidest von dem Ton ein Stück ab und klopfst es mit der flachen Hand, damit alle Luft entweicht.

Dann formst du eine Walze und modellierst einen Kopf heraus.
Das sieht ungefähr so aus wie ein Kegel.

Du schneidest die Form genau in der Mitte durch und kratzt mit dem Eierlöffel den Ton heraus, bis nur noch ein etwa 5mm dicker Rand stehen bleibt.

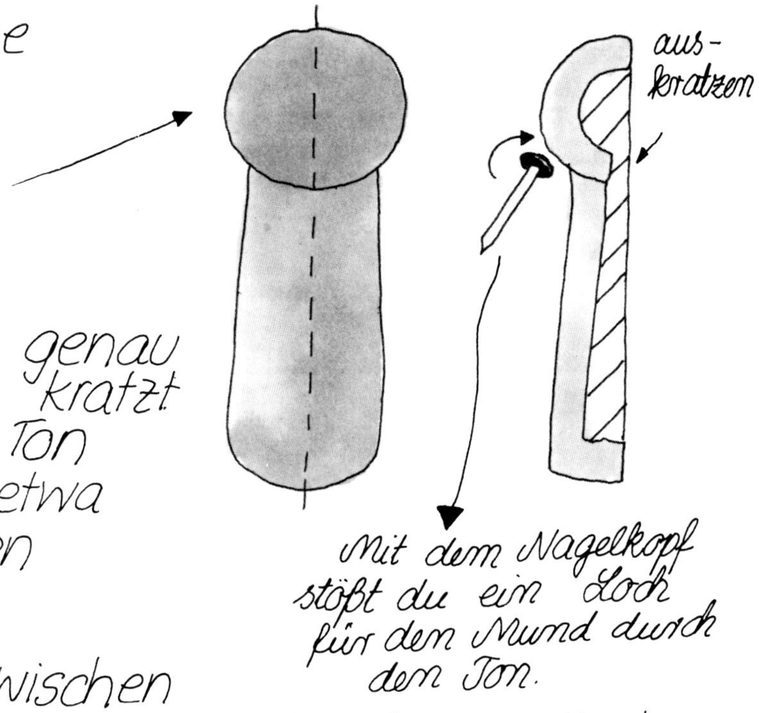

Du nimmst etwas Ton zwischen die Finger und tauchst sie in das Schälchen mit dem Wasser. Mit diesem Tonschlamm schmierst du die Schnittkanten ein und fügst die ausgehöhlten Hälften wieder zusammen.
Die Schnittkanten verschmierst du von außen gut mit dem Tonschlamm, bis sie nicht mehr zu sehen sind.
Hüte und Arme mußt du auch mit Tonschlamm an den Figuren festkleben.
Die fertigen Männchen stellst du auf Zeitungspapier und läßt sie 2 Wochen lang trocknen, bevor du sie brennen lassen kannst.

Weihnachtskrippe

Dicke Flocken fallen vom Himmel und hüllen die Hügel in farbiges Weiß. Von allen Seiten kommen Bauern und Hirten mit ihren Tieren, um das kleine Kind im Stall zu besuchen.

Für die *Steck-Krippe* werden zwei Kartonbögen mit Deckfarben bemalt. Der größere Bogen bekommt ein Holzhaus aufgemalt, wie auf der Zeichnung zu sehen ist. Auf den kleineren Kartonbogen werden auf beiden Seiten zwei kleine Schuppen und im Mittelteil die Rückwand des Holzhauses gemalt. Nach dem Trocknen wird der kleinere Karton in der Mitte geknickt und das Umfeld der Schuppen weggeschnitten. Dann steckt man beide Kartons an den Schlitzen ineinander. Mit einem Glühlämpchen oder einer Kerze kann der Innenraum des Hauses beleuchtet werden.

Die Figuren werden auf Zeichenkarton aufgemalt, ausgeschnitten und mit Stützstreifen, die auf ihre Rückseite geklebt sind, zum Stehen gebracht.

STECK-KRIPPE

- starke Graupappe
- Deckfarben
- Pappmesser
- Taschenlampe

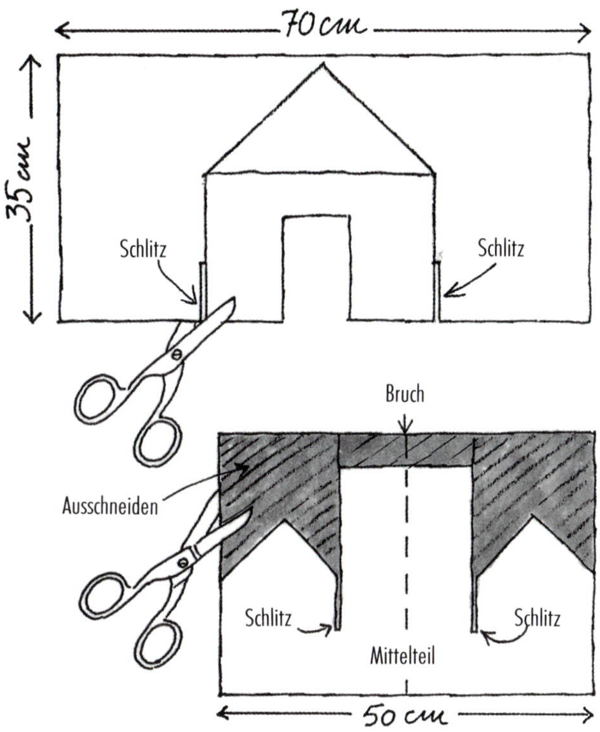

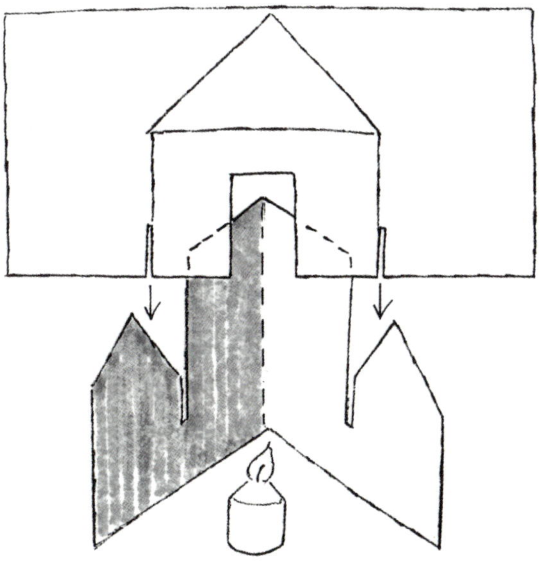

Statt der flachen Papierfiguren können auch *Figuren aus Kleisterpapier* gebaut werden. Dabei wird zuerst der Kopf aus Salzteig geformt (2 Teile Mehl, 1 Teil Salz, 1/2 Teil Wasser), auf ein Stäbchen gesteckt und zum Trocknen etwa zwei Stunden bei 75 Grad in ein Backrohr gelegt. Danach wird um Kopf und Stab aus geknülltem Kleisterpapier der Körper der kleinen Krippenfigur geformt. Nach dem Trocknen wird die Figur mit Dispersionsfarbe bemalt.

FIGUREN

- Deckfarben
- dünner Zeichenkarton
- oder:
- Salzteig
- Zeitungspapier
- Kleister
- Holzspießchen
- Dispersionsfarbe

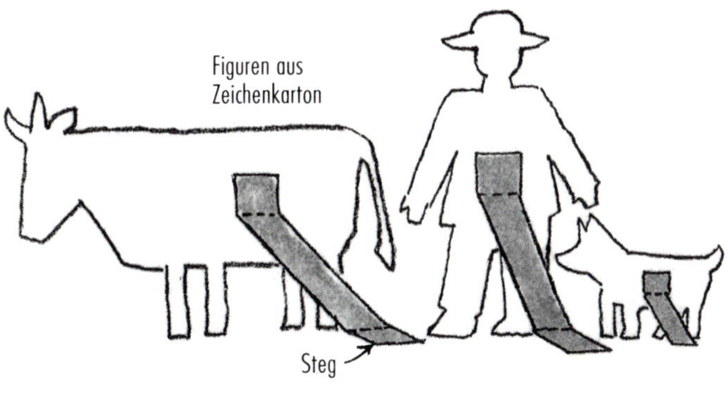

Quellen

Alle Texte und Bilder in diesem Buch stammen aus folgenden Ravensburger Büchern:

Brigitte Corell: *Das schenk ich dir*
© 1988 Ravensburger Buchverlag Otto Maier GmbH
Seiten 60/61; 64/65; 74/75; 98/99

Elisabeth Daldrup/Uta Schmitt: *Backbuch für Kinder*
© 1985 Ravensburger Buchverlag Otto Maier GmbH
Seiten 102/103; 118/119; 136/137

Dorothea Desmarowitz: *Vollwert Kinderkochbuch*
© 1991 Ravensburger Buchverlag Otto Maier GmbH
Seiten 14/15; 44/45; 52/53

Dorothée Kreusch-Jacob: *Liederspielbuch für Kinder*
© 1987 Ravensburger Buchverlag Otto Maier GmbH
Seiten 7; 35; 73; 105

Dorothée Kreusch-Jacob:
Mein Instrument mach ich mir selber
© 1987 Ravensburger Buchverlag Otto Maier GmbH
Seiten 26/27; 90/91

Dorothée Kreusch-Jacob: *Tanzlieder*
© 1990 Ravensburger Buchverlag Otto Maier GmbH
Seiten 32/33; 48/49; 86/87

Dorothée Kreusch-Jacob: *Wenn der Trommelbär tanzt*
© 1986 Ravensburger Buchverlag Otto Maier GmbH
Seiten 24/25; 78/79; 94/95; 122/123

Sabine Lohf: *Das Farbenbuch für Kinder*
© 1990 Ravensburger Buchverlag Otto Maier GmbH
Seiten 38/39; 88/89; 128/129

Sabine Lohf: *Das hab ich selbstgemacht*
© 1983 Ravensburger Buchverlag Otto Maier GmbH
Seiten 20/21; 46/47

Sabine Lohf: *Has, Has, Osterhas*
© 1988 Ravensburger Buchverlag Otto Maier GmbH
Seiten 18/19; 22/23

Sabine Lohf: *Himmelsleiter und so weiter*
© 1985 Ravensburger Buchverlag Otto Maier GmbH
Seiten 110/111; 124/125; 130/131; 138/139

Sabine Lohf: *Ich bau mir was zum Spielen*
© 1986 Ravensburger Buchverlag Otto Maier GmbH
Seiten 40/41; 50/51

Sabine Lohf/Sibylle Sailer:
Wo der Gurkenkönig wächst
© 1985 Ravensburger Buchverlag Otto Maier GmbH
Seiten 68/69; 84/85

Erika Markmann/Gisela Könemund:
Gartenbuch für Kinder
© 1989 Ravensburger Buchverlag Otto Maier GmbH
Seiten 12/13; 30/31; 62/63; 120/121

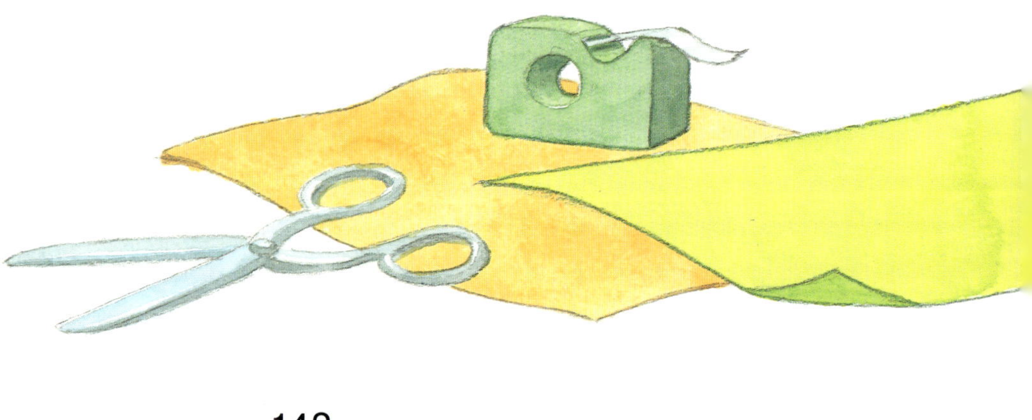

Martin Michalski/Stefan Lemke:
Jetzt kann ich zaubern
© 1986 Ravensburger Buchverlag Otto Maier GmbH
Seiten 54/55; 56/57; 114/115; 116/117

Ute und Tilman Michalski: *Werkbuch Papier*
© 1991 Ravensburger Buchverlag Otto Maier GmbH
Seiten 8/9; 36/37; 48; 58/59; 108/109; 132/133; 140/141

Ute und Tilman Michalski: *Wie der Wind geschwind*
© 1988 Ravensburger Buchverlag Otto Maier GmbH
Seiten 10/11; 28/29; 42/43; 70/71; 92/93; 134/135

Hannelore Schäl/Sabine Lohf:
Ich mach was mit Wolle
© 1985 Ravensburger Buchverlag Otto Maier GmbH
Seiten 76/77; 112/113

H. Schäl/U. Abdalla/A. Wiesner: *Spielsachen aus Ton*
© 1987 Ravensburger Buchverlag Otto Maier GmbH
Seiten 16/17; 66/67; 82/83; 126/127

Gisela Walter/Jule Ehlers-Juhle:
Heute ist Laternenfest
© 1988 Ravensburger Buchverlag Otto Maier GmbH
Seiten 80/81; 100/101

A. Wendt/H. Krekeler/J. Ehlers-Juhle:
Bei den Zwergen
© 1989 Ravensburger Buchverlag Otto Maier GmbH
Seiten 96/97; 106/107

Wir danken den folgenden Autoren und Verlagen für die freundliche Abdruckgenehmigung von:

„Heute ist das Wasser warm",
Text: Adolf Horst, Melodie: Richard Rudolf Klein,
aus: *Willkommen, lieber Tag*, Band 1,
Verlag Moritz Diesterweg, Frankfurt/Main

„Wenn der frische Herbstwind weht",
Text: Albert Sixtus, Melodie: Richard Rudolf Klein,
aus: *Willkommen, lieber Tag*, Band 1,
Verlag Moritz Diesterweg, Frankfurt/Main

„Laternenlaufen, das ist schön",
Text und Melodie: Ulrika und Bernd Mayerholz,
© AKTIVE MUSIK Verlagsgesellschaft mbH, Dortmund

„Das Zeitungsblatt",
Text: Josef Guggenmos,
Melodie: Dorothée Kreusch-Jacob,
© AKTIVE MUSIK Verlagsgesellschaft mbH, Dortmund

„Ein Frosch sprach zu dem andern",
Text und Melodie: Dorothée Kreusch-Jacob,
© AKTIVE MUSIK Verlagsgesellschaft mbH, Dortmund

„Osterhas",
Text: Paula Dehmel, Melodie: Richard Rudolf Klein,
aus: Kinder musizieren, Heft 7, *Kinderlieder und Reime,*
Fidula Verlag Boppard/Rhein und Salzburg

„Der Schneemann",
Text und Melodie: Hans Poser,
aus: *Der fröhliche Kinderkalender,*
Fidula Verlag Boppard/Rhein und Salzburg

Wir danken Eva Eckenfels für Ihre Mitarbeit an diesem Buch.

Weitere Bücher zur Kinderbeschäftigung

Gisela Walter (Hrsg.) /
Marlis Scharff-Kniemeyer
Neue Kinderlieder
Eine Sammlung von Kinderliedern aus den letzten 25 Jahren, die Texte von allen wichtigen Liedermachern enthält.
ISBN 3-473-37475-X

Bertrun Jeitner-Hartmann (Hrsg.)
Das große Ravensburger Buch der Kinderbeschäftigung
Völlig neu illustriert und aktualisiert. Der bewährte Ratgeber für alle Eltern, die die Beschäftigung ihres Kindes nicht dem Zufall überlassen wollen.
Sechs bekannte Fachleute stellen hier die besten Vorschläge aus ihrem Erfahrungs- und Ideenschatz vor.
ISBN 3-473-41110-8

Cuno / Kirsch & Korn u.a.
Mein großes Bastelbuch, Band 2
Noch mehr Ideen vom Bastelbär
Tolle Basteltips und Spielideen für jede Jahreszeit und viele schöne Feste, zum Schulanfang und fürs Krankenbett.
ISBN 3-473-37193-9

Ruth Zechlin / Gisela Walter /
Marlis Scharff-Kniemeyer
Fröhliche Kinderzeit
In diesem Buch finden Eltern und Erzieher viele klassische Beispiele, Basteleien, Lieder und zahlreiche Anregungen zur Beschäftigung mit Kindern von 1–10 Jahren.
ISBN 3-473-41074-8